www.ingramcontent.com/pod-product-compliance
Lightning Source LLC
Chambersburg PA
CBHW071233080526
44587CB00013BA/1600

مواقف ومداخلات

Author/Publisher
Khaled Homaidan

Toronto – Canada

Reference # CMC38/24

Phone: 1.647.242.0242

E-Mail: cmcmedia@rogers.com

المجموعة الكاملة

(13)

مواقف ومداخلات

منشورات خالد حميدان
تورنتو – كندا

الطبعة الأولى – 2024

خالد حميدان

الطبعة الأولى - 2024

Author: Khaled Homaidan
المؤلف: خالد حميدان

Publisher: Khaled Homaidan
khaled.homaidan@gmail.com

Address: 58 Pinecrest St. Markham ON, L6E 1C2
Canada

Title: Interventions
المجموعة الكاملة (13)
العنوان: مواقف ومداخلات

Language: Arabic

Reference #: CMC38/24

ISBN: 9781738992324

****

تصميم الغلاف والإخراج للمؤلف

*****

جميع الحقوق محفوظة للمؤلف

All rights reserved © Khaled Homaidan 2024

Phone: 1.647.242.0242

E-Mail: khaled.homaidan@gmail.com

4

الإهداء

إلى شباب الوطن الذين يحلمون بنشوة الانتصار..
لا تصغوا لخطاباتهم ولا تغرّنّكم وعودهم.. بل حدّدوا الهدف
ووحّدوا الصفوف ولا تتراجعوا عمّ أنتم عليه عازمون..
وإن النصر حليفكم لا محال..

تمهيد وتوضيح

"مواقف ومداخلات" التي يتضمنها هذا الكتاب، هي مجموعة مقالات مختارة كتبت في مناسبات مختلفة وشكلت في غالبيتها افتتاحيات جريدة "الجالية" التي كنت أصدرها في تورنتو ـ كندا. أما انتقاؤها من بين مئات المقالات الأخرى لتكون موضوع هذا الكتاب، فلأنها تعبّر عن مواقف ومداخلات شخصية اعتمدت على الثوابت التي تلازم نظرتي إلى الحياة، لا تتبدل بتبدل الحالات والأوضاع، سواءً في الفكر الفلسفي أو الديني أو الاجتماعي..
والجدير ذكره وتأكيده هنا، أنني لست مرتبطاً بأية مدرسة فلسفية معينة أو دين سماوي أو حزب سياسي. إنني أتعاطى مع كل حدث بمعزل عن أي تأثير خارج نظرتي إلى الحياة التي أشرت إليها آنفاً.. ففي مختلف المجالات الفلسفية والدينية والاجتماعية، أتناول الحدث بما يتلاقى مع نظرتي الشخصية في خطوطها العريضة. وبكلمات أوضح، فإنني لا أعالج المواضيع بما يمليه عليّ الانتماء أو الولاء لأنه لا انتماء لدي بالمطلق وإن كنت أؤمن ببعض المبادئ الإنسانية الواردة هنا أوهناك والتي تخدم الفرد والمجتمع على حد سواء. وقد توصلت إلى هذا القرار بعد تأملات طويلة بتجارب الحياة.
ـ ففي المجال الفلسفي تعددت النظريات. توافقت في بعضها وتناقضت في البعض الآخر، وهي ليست صالحة بالضرورة لجميع الأحوال. من أجل هذا تراني مختلفاً: لا أتوقف عند وجهة نظر واحدة أو فلسفة معينة، وهذا الموقف هو بحد ذاته فلسفتي في الحياة.

ـ في المجال الديني، تنوّعت المراجع لدى المؤمنين بحيث قلّ الإيمان وكثر التعلق بالعصب الطائفي. فأنا لا أدين بالقشور حيث يتجمع الآخرون. لقد أجمعت كل الأديان على مواصفات الله وطهارة السماء، فما بالهم على الأرض يتفرقون ويتخاصمون...؟ أنا لست بكافر، بل أؤمن بالله الواحد نبع المحبة والعطاء ولست بحاجة لمن يدلني على الطريق إليه. هوذا ديني وإيماني!

ـ كذلك في المجال الاجتماعي أو السياسي، فقد بلغ التشدد أو التعلق بالزعيم أو القائد حد العبادة أحياناً والتمسك بإرادته، على حق كان أو على باطل.. أضف إلى ذلك أن الأحزاب والجمعيات وخلافها من المؤسسات الاجتماعية تقوم على دعائم الديمقراطية وحقوق الإنسان بالمبدأ، غير أن الإدارات المتلاحقة تتحول إلى سلطة ديكتاتورية في غالب الأحيان..

*****

توضيح:

قد يلاحظ الأصدقاء ورود بعض مقالات هذا الكتاب وكانت قد نشرت في مؤلفاتٍ سابقة، هذا صحيح. غير أنه ما حدا بي إلى تكرار نشرها هنا، هو تجانسها مع مضمون هذا الكتاب، وبها تتكامل صورة ما ترمي إليه "المواقف والمداخلات". علني وفقت فيما فعلت..

المؤلف

العلامة الفارقة في كتاب "الأبله الحكيم"

●

العلامة الفارقة في كتاب "الأبله الحكيم" قصتي مع الكبير ميخائيل نعيمة..

تورنتو - كنـدا - **2008/06/04**

من هو "الأبله الحكيم"..

لم تأتِ تسمية كتابي بـ "الأبله الحكيم" من الفراغ أو العدم. بل جاءت وصفاً لحالة يعيشها معظم كتابنا ومبدعونا وعظماؤنا في عالمنا العربي، حيث لا نبياً في وطنه، هذا الوطن الذي اعتاد على تكريم أنبيائه والاعتراف بتفوقهم فقط، بعد رحيلهم إلى جوار الله.. وكأني بالأبله الحكيم يمثل كل مبدع في بلادنا لا بل كل نبي من أنبيائنا الذين قاربت أرواحهم الحكمة الالهية حتى صعب على العامة فهمها فأطلقوا عليهم، ظلماً وجهلاً، سهام "البلاهة"..

وهذا التوصيف لا ينطبق على المفكر والفيلسوف والناقد والشاعر، أديبنا الكبير ميخائيل نعيمة وحسب، وإنما على كل متفوق من بلادنا أياً كان مجاله. ومن المؤسف أن يستمر مثل هذا التخلف بين مواطنينا (تمشياً مع العادات والتقاليد) في عصر شاعت فيه الثقافات والعلوم وقصرت فيه المسافات واتسعت دائرة المعارف من خلال تكنولوجيا لا تعرف المستحيل. ويأتيك بعد كل هذا من يدّعي المعرفة وهو يجهل حتى كبار صانعيها من المحلقين والمبدعين الذين باتت

أسماؤهم من البديهيات، وكأني بادعاء هذا القاصر ما يفضح غباءه وجهله لأبسط الأشياء.

لقد عانى صديقنا "ناسك الشخروب" الكثير ممن تناولوه بالنقد والشك والاتهام، فنسبوا إليه أقوالاً لم يتفوه بها أو مواقفَ لم يتخذها لا بل أدخلوه في روايات لم يكن له فيها علم أو دور. ولا يمكن تصنيف مثل هذه الافتراءات إلا في إطار الادعاء وحب الظهور على حساب شهرة الأديب الكبير. ولا يخفى كيف اختار نعيمة أحضان الطبيعة ملاذاً ليسرح فيها فكره وخياله وكان يقصد منطقة الشخروب في جبل صنين، القريبة من بلدته بسكنتا، حيث كان يجلس للتأمل والكتابة. أما اللجوء إلى الطبيعة، إلى جانب طلبه للراحة وصفاء الذهن، فكان هروباً من الجلجلة الفارغة والألسن المفترية الناقدة التي كانت تتناوله بين الحين والآخر. وكان أبرز هذه الافتراءات ما نسب إليه عن علاقته بجبران خليل جبران إذ ادعى البعض بأنه عمد إلى التجريح بأدب وفكر جبران من باب الأنانية وحب الذات وطمعاً في أن يظهر معتلياً المرتبة الأدبية الأولى دون منازع.

نشير هنا، وليس من باب التوسع في هذا الاشكال الذي تناوله الكثيرون من الكتاب والنقاد، ولكن من باب التذكير والتأكيد على أن نعيمة كان الأقرب إلى جبران من كل الذين عاصروه ورافقوه سواءً في العمل الجاليوي في المغترب الأميركي أم في زمالة "الرابطة القلمية" أم على صعيد الصداقة الشخصية. وقد لفظ جبران أنفاسه الأخيرة وهو بين يدي نعيمة الذي لم يفارقه أبداً طوال الأيام التي سبقت وفاته. هذه الرواية وكثير غيرها سمعتها شخصياً على لسان أديبنا الكبير ميخائيل نعيمة الذي كان يرويها بأدق التفاصيل وبشيء من التأثر والتحسر على "النبي" جبران خليل جبران الذي رحل في

سن مبكرة. وكان يعلق قائلاً (وقد سمعت هذا التعليق بنفسي في أكثر من جلسة): "أعتقد أنه لو تسنى لجبران أن يعيش أطول لكان أتحفنا بما يحدث الدهشة"..

والمفارقة الساذجة هنا أنه لم يرد في بال الذين ادعوا أو انتقدوا، أن يدرسوا طبيعة العلاقة الأدبية والروحية التي كانت قائمة بين المفكرين العملاقين جبران ونعيمة، حتى ولو تناول أحدهما الآخر بالنقد والتحليل، بل اكتفوا بما تفرز به مخيلتهم من افتراضات واستنتاجات سطحية لينسجوا بها ما تطاله خيالاتهم من صور وحكايات.. وبكل بساطة نقول، لو كانت نية نعيمة تتجه إلى التجريح بجبران والانتقاص من مكانته الأدبية لما أصدر كتاباً بعنوان "جبران خليل جبران" عام 1936 ولما أقدم على نقل كتاب "النبي" (وهو أبرز مؤلفات جبران) من الانكليزية إلى العربية، فضلاً عن الاشارة إلى فكره وأدبه في عدد من المقالات المتفرقة التي وردت هنا وهناك.

لم يكن ميخائيل نعيمة الوحيد في مواجهة الافتراءات. كذلك عانى مفكرون كثيرون في بلادنا من تعليقات وانتقادات جاهلة، نذكر منهم: جبران خليل جبران، سعيد تقي الدين، أنطون سعادة، نزار قباني، عمر أبو ريشة، كمال جنبلاط، كلوفيس مقصود، غريغوار حداد واللائحة تطول.. والقاسم المشترك بين هؤلاء كان التفوق، كل في مجاله، والعمل الدؤوب من أجل مجتمع أفضل تسوده المعرفة، وقيم الحق والخير والجمال. ولكن المجتمع لم يتفاعل مع فكرهم بالإيجابية والتقدير، بل نبذهم ووجه إليهم النقد والتشكيك والاتهام. ومن المؤسف ألا يكرم هؤلاء في حياتهم و"ما نفع التكريم بعد الوفاة" على حد تعبير عبد الله قبرصي غداة تكريمه في لندن وكان قد قارب

الثمانين من عمره إذ قال: "أليس جميلاً أن أسمع تأبيني أو أقرأه، عوضاً عن تلاوته فوق جثماني، وأنا لا أسمع ولا أقشع؟". هذا فضلاً عن أن التكريم يعطي زخماً معنوياً لصاحبه ما يساعده على الانتاج والابداع بينما يعمل الجهل والتجاهل، إذا ما تفاقم، على الشح والاحباط. وفي ذات المجال يقول أنطون سعادة: "إن الشعوب الغبية تفعل برجالها ما تفعله الأطفال بألعابها، تحطمها ثم تبكي طالبة غيرها". هذه هي الحال في بلادنا التي نفاخر بحضارتها وتقدمها في محيطها الجغرافي. وهذه هي حال مفكرينا ومتفوقينا الذين تصح تسمية كل منهم بـ "الأبله الحكيم" ذلك أنهم اتهموا بالانحراف و"البلاهة" في وقت كان فكرهم "الحكيم" سابقاً لعصرهم وربما وقعت الهوة بينهم وبين العامة بسبب هذا الفارق الفكري الكبير.

هذا ما يرمز إليه "الأبله الحكيم" في الشكل. أما في المضمون، يبدو للقارئ وكأن هناك تناقضاً في التسمية. غير أنني قصدت هذه التسمية مع التأكيد على أن، لا تناقض فيها على الاطلاق لأنها تعبّر عن واقع الانسان وحقيقته، فالأبله الحكيم هو كل واحد منا، في فعله وانفعاله، في إقدامه وإحجامه، في عزمه ويأسه. وأعتقد جازماً بأن الذات البشرية تحتوي في داخلها على قوتين متصارعتين أبداً هما "البلاهة" و"الحكمة" تكون الغلبة لإحداها في كل فعل يأتيه الانسان على حدة. فاذا ما انتصرت البلاهة على الحكمة يأتي الانسان أفعال الخطأ التي قد تؤدي إلى الشر. وعلى العكس إذا ما انتصرت الحكمة على البلاهة، فإنه يأتي الأفعال الصائبة التي تؤدي حتماً إلى الخير.. ويتوقف هذا على كيفية تعامل الانسان مع الحدث بالفعل أو ردة الفعل.

إذن الخير والشر هما نتيجة لفعل الانسان فيما يأتيه آنياً في كل فعل على حدة، وليس كما هو شائع على أنهما خياران يلجأ الانسان إلى أحدهما ويلتصق به إلى ما لا نهاية. فالبلاهة التي نعنيها في هذا السياق، تتمثل في عدم تيقظ الانسان إلى ذاته ودوره الانساني وهي تكمن في الذات البشرية كما الحكمة. ويأتي النداء الذي أطلقه في هذا الكتاب، دعوةً جادةً من أجل تعميق الحكمة في ذاتنا لتكون منتصرة دائماً على البلاهة فيها.

*****

قصتي مع الأديب الكبير!

أما قصتي مع الأديب الكبير ميخائيل نعيمة، فهي تبدأ منذ عهد الطفولة وعلى مقاعد الدراسة تحديداً يوم كنت أقرأ له المقطوعات الأدبية والشعرية الواردة في كتب القراءة إذ كنت أتمنى لو ألتقيه الأديب والشاعر شخصياً للتعبير له عن تعلقي الشديد بأسلوبه ونهجه الفكري. غير أن رغبتي هذه لم تتحقق إلا بعد الانتهاء من دراستي الجامعية وبداية حياتي العملية وكان قد تسنى لي مطالعة بعض مؤلفاته المنشورة ومنها "سبعون"، "الغربال"، "المراحل"، "البيادر"، "اليوم الأخير"، وخاصة كتاب "مرداد" وفيه الكثير من شخصية نعيمة وفكره الفلسفي. وكانت المرة الأولى التي ألتقيه بها، مصافحاً ومحدثاً ومستمعاً، لدى زيارتي له برفقة صديقيَّ الفنان جوزيف عازار والأديب جوزيف حنا. وكان نعيمة يقيم آنذاك في شقة في بلدة "الزلقا" القريبة من العاصمة بيروت وكانت تقيم معه بصفة دائمة ابنة أخيه "مي" وابنتها "سهى"، عرفنا فيما بعد، أنه كان المقر الشتوي لإقامته بينما كان يقضي معظم أيام الربيع

والصيف في بلدته بسكنتا. تم هذا اللقاء في شتاء العام 1971 بتدبير من صديقنا الأستاذ جوزيف حنا.

كانت هذه الزيارة فاتحة خير إذ توالت اللقاءات بعدها خلال العامين 1972 و1973 بين "الزلقا" و"بسكنتا"، ودائماً برفقة الصديقين جوزيف عازار وجوزيف حنا، حتى أصبحت تتم بشكل دوري، مرة كل أسبوع أو أسبوعين على الأكثر، وكانت تدور بيننا شتى أنواع الأحاديث الأدبية والفلسفية وكان يستمتع هو بمناقشاتنا وأسئلتنا وآرائنا كما كنا نستمتع نحن بالسماع إلى آرائه وفلسفته في الكون والحياة التي باتت لديه كالثوابت. وكان يتخلل بعض السهرات الموسيقى والغناء من تقديم الـ "الجوزفين" جوزيف عازار بصوته "الباريتوني" وجوزيف حنا بعزفه الدافئ على العود. وكان نعيمة يغيب في تأملاته وهو يستمع إلى الموسيقى والغناء وكأنه يعوض في هذه الدقائق القليلة عما فاته من استماع واستمتاع طيلة عمره الطويل. وقد شدد أستاذنا الكبير على استمرار مثل هذه اللقاءات لما كان يكنه لنا من محبة ولما كانت مثل هذه الاجتماعات تؤثر وتفعل في نفسه وهو ابن الرابعة والثمانين من العمر (1973) بينما توزعت أعمارنا نحن الثلاثة دون الثلاثين. وفي مرحلة متقدمة كان يعمد إلى دعوة بعض الأنسباء والأصدقاء إلى العشاء كلما قررنا موعداً للسهرة، وكان عدد المدعوين يفوق العشرين أحياناً وربما أكثر، وكانت هذه فرصة لنا للتعرف إلى معظم أفراد عائلة نعيمة في بلدته بسكنتا وفي مقدمتهم ابن أخيه الأستاذ الجامعي والكاتب المعروف الدكتور نديم نعيمة.

وفي صيف العام 1973، من باب المبادلة بالمثل بحسب المجاملات اللبنانية أو قل من باب الاعتداد بالنفس أو "حب الظهور" ربما،

أقمت للأديب الكبير حفلة عشاء تكريمية في مطعم "أبيمار" الواقع على طريق سوق الغرب ـ شملان في قضاء عاليه (وكنت أملك هذا المطعم بالشراكة وكنت أنا من اختار اسم " أبيمار" تيمناً بشخصية وهمية أوردها ميخائيل نعيمة في كتابه "مرداد"، من قبل أن أتعرف إليه شخصياً). وقد ضمت السهرة جمعاً من الأقرباء والأصدقاء وعدداً من رجال الأدب والصحافة والفن، أذكر منهم على سبيل المثال الأديب والشاعر جوزيف حنا والمحامي الشاعر عارف الأعور والصحافي مراد الخوري والفنان جوزيف عازار والمطربة سامية كنعان. وقد شارك جميع هؤلاء في إحياء السهرة احتفاءً بالضيف الكبير بعد الكلمة التي ألقيتُها في البداية ترحيباً به ومعرّفاً بكتاب "مرداد" حيث انتقيت اسم "أبيمار": من كلمة للصحافي مراد الخوري إلى قصيدة للشاعر جوزيف حنا وأخرى للمحامي عارف الأعور، كما شارك كل من جوزيف عازار وسامية كنعان بأحلى الأغاني والمواويل اللبنانية على أنغام فرقة ليالي الأفراح الموسيقية بقيادة الفنان نعيم حميدان. وكان كلما قدم أحدهم مشاركته، خصّ المحتفى به بكلمة تقدير ومحبة مع التعبير عن فرحته بهذه الفرصة النادرة التي أتاحت له اللقاء بالأديب الكبير. وكان نعيمة يرد على التكريم والحفاوة شاكراً بهز الرأس. وفي وقت متقدم من السهرة، اتجه الصديق مراد الخوري إلى حيث كان يجلس نعيمة وتقدم منه هامساً في أذنه: "هل ترغب في كلمة تقولها بالمناسبة؟" مشيراً إلى الميكروفون في يده.. فأجاب على الفور وهو على كرسيه: " كلمة واحدة فقط.. أود أن أشكر جميع الذين تفضلوا بالكلام وأحاطوني بنبل عاطفتهم وأخص بالشكر صاحب الدعوة الأستاذ خالد حميدان الذي أتاح لنا جميعاً هذا اللقاء الجميل".. ثم أضاف مازحاً: "قد

تظنون أنكم أنتم الرابحون لوجودي بينكم اليوم كما أفصح عن ذلك المتكلمون وكثيرون من الحاضرين، والحق أقول لكم، إنني أنا الرابح الوحيد. فإن كان لكم هذه الليلة أن تتعرفوا إلى وجه واحد، فأنا قد تعرفت إلى عشرات الوجوه.. فقولوا لي بربكم من هو الرابح...؟"

المحاولة الأولى..

كانت تلك اللقاءات التي تجمعني ورفاقي بأستاذنا الكبير، المحفز الأكبر للمطالعة والتنقيب في الكتب الأدبية والفلسفية بقصد التمكن من المواضيع التي ستطرح في الجلسات المتتالية، من باب الرغبة في أن أكون مشاركاً في نقاشات الجلسة وليس مستمعاً وحسب. وقد ساعد هذا على فتح شهيتي على الكتابة الأدبية والوجدانية فيما بعد، فأخذت بكتابة القطعة تلوَ الأخرى كلما سنحت الفرصة حتى أصبحت لدي مجموعة متكاملة تتحدث بمجملها عن المحبة. فالكتابة بالنسبة لي، كانت مظهراً للمعاناة الانسانية وقد جاءت نتيجة لتفاعلات واختبارات على مدى سنوات طويلة وبالتالي لم اختر الأسلوب بل كان حرصي دائماً أن أنقل هذه الخلجات الداخلية إلى صور خارجية معبّرة. فالعودة إلى المحبة وما يستتبعها من تطلعات روحانية، تجعلنا نتمسك أكثر فأكثر بالقيم الانسانية التي أخذ الواحد منا يبتعد عنها لتعلقه بالمادة. وحيث لا مكان للمثالية في حياتنا الأرضية، فإن فعل المحبة هو السبيل الوحيد للاقتراب من القيم والمثل العليا ولو كان الاتصال فيها مستحيلاً..

سئلت مراراً في مقابلات تلفزيونية وإذاعية وصحافية (على أثر صدور كتاب "الأبله الحكيم"): في أي موقع إنساني تجد نفسك وأنت

تتكلم عن المحبة؟ وكان جوابي في كل مرة واحداً: في موقع كل إنسان يتطلع إلى الأعلى والى الأسمى، في موقع كل مواطن يسعى إلى خلق مجتمع أفضل. وقد أشرتُ إلى هذا الموقع في ندائي إلى أخي الانسان (الوارد في الكتاب) حيث قلت: " تعال نسر معاً على درب المحبة، فالمحبة تلد الأبطال، ونحن نخلق مجتمعنا عندما نخلق أبطالنا.." فالمحبة هي الإطار الأكبر لجميع القيم الأخرى من تسامح وعطاء، وفرح، وأمل وغيرها، وفيها العودة إلى الحقيقة والتأكيد على الإيمان والخلاص الحتمي للإنسان من تعاسته على الأرض..

إذن لدى اكتمال المجموعة الوجدانية، وكان هذا في أواخر العام 1973، قررت نشرها في كتاب وكنت قد فكرت ملياً قبل أن أقرر تسمية الكتاب بـ"الأبله الحكيم" وبالطبع انطلاقاً من المفهوم الذي تعنيه التسمية كما مر معنا آنفاً. وتخيلت وجه "الأبله" (ما يشبه وجه ميخائيل نعيمة) فرسمت شكله وطلبت من صديقي الرسام الفنان رئبال نصر (الذي أصبح فيما بعد من مشاهير الرسامين اللبنانيين) أن يكمل لوحات الكتاب بحيث يخصص رسماً لكل مقطوعة يتلاءم مع مضمونها. وفرحت جداً حين اكتملت الصورة وأصبحت مواد الكتاب جاهزة للطبع. وبقي شيء واحد: لمن أوكل أمر تقديم الكتاب وهو باكورة إنتاجي الأدبي.. ووقع الاختيار على الصديق الأديب جوزيف حنا. هو الاختيار الموفق دون شك، ذلك أنه إلى جانب الصداقة المتينة التي كانت تربطني بالأستاذ جوزيف ومعرفته الشخصية بي على امتداد عدد من السنوات، كان أديباً وشاعراً ومدرساً للغة العربية. وكان قد سبقني في كتابة الأدب الوجداني كما سبقني في الاستحصال على رسالة إعجاب وتقدير من الأديب ميخائيل نعيمة على مؤلفاته المنشورة حتى تاريخه (1973) وهي

عبارة عن كتب ثلاثة: "إلى تلميذتي" و"موت نبي جبران" و"قبر نبي جبران".

وصدر الكتاب في مطلع العام 1974 بتقديم الصديق جوزيف حنا ورسوم الصديق رئبال نصر وبمواكبة إعلامية للصديق مراد الخوري. وكنت قد اتفقت مع شركة للتوزيع تولت تسويق الكتاب مع علمي المسبق ويقيني بأنه لن يكون لهذا الكتاب أي أثر في السوق التجاري لكونه يدخل في مصنفات الكتب الأدبية أو الفلسفية التي لا يقبل عليها الناس عادة، ولأن أكثر اهتمام دور النشر والتوزيع محصور بالكتب السياسية والجنسية والروايات البوليصية، أي تلك التي تدر عليهم أرباحاً طائلة من المبيعات.. وبالطبع كان عليَّ أن أدفع كامل كلفة الطباعة من جيبي الخاص والتخلي عن نسبة كبيرة من الأرباح (إذا تحققت) لصالح الشركة التي تولت توزيع الكتاب.

هذا ما حصل بالفعل.. أقدمت على هذه التحضيرات كلها ولم أخبر أحداً بالأمر باستثناء جوزيف حنا الذي كان يرافقني إلى المطبعة كل يوم حتى انتهينا من عملية الطباعة. وقد حرّصت هذا الأخير أن يبقي الأمر طيّ الكتمان إلى أن يتم توزيع الكتاب في السوق، وخاصة بالنسبة لأستاذنا الكبير نعيمة ذلك أنني كنت أشعر بالإحراج و"الخوف" كلما خطر ببالي أن ميخائيل نعيمة ـ ذلك الفيلسوف العملاق ـ سيقرأ كتاباتي يوماً ما وأنه دون شك، سيضع الكتاب على مشرحته الفكرية وسينالني منه نقداً وانتقاداً أو ربما استخفافاً بما كتبت.. والفكرة التي لم تفارقني البتة في تلك المرحلة، هي الخوف من الموقف في مواجهة هذا المرجع الفكري الكبير الذي عمّت مؤلفاته العالم أجمع لأهميتها وقد تُرجم البعض منها إلى عدة لغات حيّة. ثم من يكون "خالد حميدان" وماذا يمثل من أدب أو فكر ليفوز

باهتمام وتقييم "ميخائيل نعيمة"؟ صحيح أنه تربطني بالرجل علاقة الصداقة الصافية القائمة على المحبة والاحترام المتبادل (رغم فارق العمر الكبير بيننا)، إلا أنني أعرف جيداً بأن تقييمه لعمل أدبي، أياً كان الكاتب، لن يكون مرتبطاً بتأثير شخصي وبالتالي لن تؤثر تلك العلاقة شيئاً في رأيه الموضوعي. والسؤال الذي كان يراودني باستمرار.. ماذا سيكون رأي ميخائيل نعيمة في "الأبله الحكيم"...؟ ففضلت كتمان الأمر عنه والهروب من الأفكار التي كانت تقلقني وتؤرّقني.

***

صدر الكتاب، كما ذكرت آنفاً، في الشهر الأول من العام 1974، وأخذ الصحافي الصديق مراد الخوري على عاتقه أمر توزيعه على مختلف وسائل الاعلام، مما جعل الكتاب ينتشر بسرعة. وقلما كان يمر يوم خلال الأشهر الأولى من غير أن يكون فيه خبر أو تعليق أو إشارة إلى الكتاب في الصحافة أو الإذاعة أو التلفزيون (وربما هذا ما أثار فضول القراء فأقدموا على شرائه ونفذ الكتاب من السوق بأقل من ستة أشهر). وإزاء هذا الواقع كان ينتابني شعور بالاعتزاز حيناً والخوف أحياناً لأن مع الانتشار والشهرة تكبر المسؤولية وتعظم. وقبل مضي شهر على صدور "الأبله الحكيم"، استضافني تلفزيون لبنان (تلة الخياط) في إحدى فقرات برنامج "نادي الفنون" حيث أجرت معي السيدة فادية الشرقاوي حواراً حول مضمون الكتاب كانت باكورة المقابلات الأدبية التي كثرت لاحقاً ليس في التلفزيون وحسب، بل كذلك في الإذاعة والصحف والمجلات. وهنا كانت المفارقة الكبرى حيث اكتشفت السيدة مي نعيمة أمر إصداري

للكتاب من خلال مطالعاتها المتواصلة للمجلات ومشاهدتها اليومية للبرامج التلفزيونية. فجاءت إلى عمها تسأله باستغراب عمّ إذا كان على علم بالأمر وهي لم يخطر ببالها إطلاقاً أنه من الممكن أن أصدر كتاباً من غير الرجوع إلى أستاذنا الكبير، فإن لم يكن بقصد الاستشارة "المهنية" وهو المرجع الذي يقصده الكتاب من كل الأقطار، فمن باب المجاملة والاحترام أو الرغبة في الحصول منه على رسالة أو كلمة خاصة أضمنها الكتاب (كما يفعل الكثيرون). لم يصدّق نعيمة ما سمعه على لسان مي وكان رده الفوري: "اتصلي بخالد فوراً وادعه لزيارتنا واطلبي منه أن يحضر الكتاب معه".

ساعة الصفر!

وأعترف أنني ذهلت لوقع "الصدمة" عندما تلقيت اتصالاً هاتفياً من السيدة مي (وكان هذا مساء يوم الجمعة من أيام الأسبوع) لتقول لي بعد السلام والكلام: "كلفني عمي الاتصال بك وهو راغب بالتحدث إليك، فما رأيك لو تأتي صباح غد؟ فأجبت على الفور دون تفكير: "وهل هناك ما يدعو للعجلة"؟ قالت: "لا.. ولكن قد يكون الغد مناسباً لأنه يوم عطلة".. ثم تابعتْ: هل ننتظرك على "الصبحية"؟ لم أجب إذ كنت لا أزال تحت تأثير الدهشة والاستغراب من هذا الاتصال الفريد من نوعه وغير المتوقع.. وقبل أن تشدني الأفكار إلى البعيد، أيقظني صوت مي على التلفون وهي تقول: "اتفقنا.. هل نراك في الغد؟" قلت مضطرباً: "بالطبع إنه شرف كبير!". قالت: إذن نحن بانتظارك! ولا تنس أن تحضر معك "الأبله الحكيم". ثم أضافت بشيء من الدعابة الممزوجة بالعتب: "عمي وأنا، بشوق للاطلاع على إنتاجك الأدبي حتى ولو كنا نحن آخر من يعلم.."

كلام بسيط غير أنه يشبه التحدي لما فيه من العتب والتوبيخ والإحراج في آن معاً، أو على الأقل هذا ما شعرت به عند سماع كلامها، رغم التهذيب واللياقة في الدعوة "المبطنة" التي وجهتها إليّ لزيارة عمّها الأستاذ نعيمة. ولا أخفي أنني لم أتمكن من النوم تلك الليلة لما تزاحم في رأسي من أفكار وتساؤلات وافتراضات باعتبار أنني سأخضع في اليوم التالي إلى التحقيق واللوم في مواجهة الأستاذ الكبير. فماذا عساي أقول لأبرر التقصير واللامبالاة.. فليس هناك من حجة أدعيها أو سبب منطقي لأقفَ وراءه. ذلك أن التحضير لكتاب، تأليفاً ومراجعة وطباعة، قد يستغرق أسابيع لا بل أشهراً وليس من مجال للادعاء بالسهو أو النسيان لعدم الإفصاح عنه. وإذ بدأت قشعريرة الارتباك والخوف تهز بي، أيقنت أنني وقعت في "الشرك" المحكم، أسير الهواجس والظنون التي كانت تطاردني منذ البداية ونجحت في تجنبها طيلة الأشهر الماضية..

وفي صباح اليوم التالي، حملت نسخة الكتاب التي سأقدمها إلى الاستاذ الكبير واتجهت بسيارتي إلى بلدة "الزلقا" وكل ما فيَّ يرتعش لاقتراب موعد الامتحان العسير.. وكنت أقلب بصفحات الكتاب ومراجعة "كلمة الإهداء" كلما توقفت عند إشارة للمرور للتأكد من أن ما كتبت هو خالٍ من الأخطاء أولاً وأنه يليق بشخصية الأديب العملاق ثانياً. وبالمناسبة كنت متعباً للغاية، ليس لأنني أمضيت تلك الليلة "أنحت" في كلمة "الإهداء" وحسب، بل أيضاً لأنه قد أثقلت رأسي الهواجس ورهبة الموقف، وبالتالي لم يغمض لي جفن طوال الليل..

دقت ساعة الصفر وأنا في منزل الأستاذ نعيمة وحيداً في قاعة الضيوف بينما كانت السيدة مي في المطبخ تعمل على تحضير القهوة

وبعض الحلوى. إنه الخامس عشر من شهر شباط 1974. كنت أسمع في ذلك اليوم دقات قلبي المتوتر بالأذن المجرّدة، كما كنت أشعر بالحرارة ترتفع في رأسي إلى أقصاها والعرق يتصبب على جبيني ـ من شدة الحيرة والارتباك ـ وكأننا في عز الصيف. وما هي إلا دقائق معدودة حتى أطل نعيمة متلمساً السبيل إلى حيث كنت أنتظر في الصالون، تعلو وجهه ابتسامة الترحيب قبل أن يعيّن المكان الذي كنتُ أجلس فيه (وكان قد شح نظره في ذلك الوقت). فنهضت على الفور وأمسكت بيده لمساعدته على الجلوس.. كانت كلمات الترحيب بي في ذلك اليوم مختلفة عن كل المرات السابقة إذ بادر إلى القول: "أهلاً بصاحب الأبله الحكيم.." فابتسمت شاكراً، مترقباً المزيد من المضايقة والاحراج وأنا أنظر إلى الأرض مهابةً وكل ما فيَّ يرتعش. ثم وقفت على الفور لأقدم له الكتاب في محاولة لكسر الجليد والاعتذار له على فعل لم أرتكبه أو إساءة لم تصدر عني. قد لا يتطلب الموقف كل هذه المبالغة، ولكن أعترف بصدق وصراحة، هذا ما تهيأ لي في هذه اللحظة الدقيقة والمحرجة.

تناول نعيمة الكتاب وأخذ يتصفحه بسرعة بينما عدت إلى الجلوس قائلا:

"إنها مجرد محاولة متواضعة، أرجو اعتبارها هدية محبة وتقدير وعربون وفاء لدوركم الكبير في تحريضي على الكتابة ونفحي بالجرأة على مخاطبة الناس بلسان "الأبله الحكيم". كما أرجو غض النظر إذا لم يكن ما جاء في الكتاب بالمستوى المطلوب".

فردّ عليّ قائلاً: " لا شك أن في الكتاب ما سيسرّني، ولكن دعني من الحكم عليه الآن إلى أن يسمح الوقت لقراءته...!"

كان لوقع كلمات نعيمة عليّ في ذلك اليوم ما يشبه الصاعقة. واعتبرت أن في قوله هذا نوعاً من المجاملة وعدم الاكتراث في آن معاً إذ ماذا يعني "إلى أن يسمح الوقت لقراءته"، قد يكون ليوم أو شهر أو سنة وربما أكثر! من يدري؟ فشعرت بضيق في صدري ولعنت الظروف التي أوقعتني في هذا الإحراج والتي قد تكون سبباً للانقطاع عنه وعن الجلسات الأدبية الرائعة التي كنت أستمتع بها وأحرص على استمرارها. ولم يكن لدي من الخيارات، للتخلص من هذه الضائقة النفسية التي سيطرت عليً لبعض الوقت، سوى التقاط الأنفاس والسيطرة على الأعصاب ما أمكن وانتظار اللحظة المناسبة للانسحاب والعودة إلى بيروت محبطاً متأثراً..

واعترف هنا أن ما أصابني من القلق والاضطراب في ذلك اليوم، كان بسبب شعورٍ بالذنب تولد لديّ عندما طلب الأستاذ نعيمة مني نسخة الكتاب. وبصراحة لم أكن أتوقع منه الاهتمام بما كتبت أو التعليق عليه أو ربما تقييمه خاصة وأن الكتاب كان، كما ذكرت سابقاً، مجرّد محاولة. إلا أن ما جعل الأمر يأخذ ذلك البعد هو الخطأ غير المقصود الذي صدر عني بعدم اطلاعه على رغبتي بنشر الكتاب ولو من باب المجاملة، نظراً للعلاقة الأدبية التي تربطني به، وهذا أضعف الإيمان..

وثيقة الشرف..

وفي صباح اليوم التالي، أي يوم الأحد في السادس عشر من شباط 1974، استيقظت على رنين التلفون وكانت الساعة تشير إلى العاشرة. فتناولت السماعة بسرعة لأصغي إلى صوت مي نعيمة على الطرف الآخر تقول: "آسفة للإزعاج! هل أنني أتصل باكراً؟"

ومن غير أن أتمكن من إخفاء دهشتي لاتصالها غير المتوقع إذ كنت بزيارة عمها في اليوم السابق، قلت: "لا أبداً! الوقت مناسب جداً.. أهلاً بالست مي.." قالت: "لا أريد الإطالة.. ولكن أردت أن أكون صاحبة البشارة لإخبارك بأن عمي قضى في الأمس فترة المساء بكاملها يكتب لك رسالة تقديرية حول كتابك "الأبله الحكيم"! وإنها جاهزة ويمكنك تسلمها في أي وقت تشاء".. ومن دون وعي قفزت من السرير لأجلس على جنبه وأقول بفرحة لا توصف: "هل يمكنني ذلك اليوم...؟" فأجابت: "سيكون عمي في انتظارك. إنه يوم الأحد ولا ارتباطات سابقة لديه". نهضت ورحت أجهز نفسي للخروج بأسرع وقت ممكن وتمكنت من الوصول إلى دارة نعيمة في "الزلقا" قبل الثانية عشر ظهراً..

جلست على مقعد مواجه للمقعد الذي يجلس عليه نعيمة عادةً، كمن يجلس في قاعة المحكمة بانتظار إعلان الحكم عليه. لم أكن وحدي، بل كانت تجلس هناك في الناحية الأخرى السيدة مي وابنتها سهى التي كانت في الخامسة من عمرها (أصبحت سهى كاتبة معروفة فيما بعد). كانت تمر الثواني وأحسبها دهوراً حتى شعرت لكأنه توقف الزمن ورحت في غيبوبة أو أنها انعدمت الأشياء من حولي. ولم أستفق من هذه الحالة إلا على صوت نعيمة داخلاً إلى المكان وفي يده كتاب "الأبله الحكيم". فنظرت إلى ناحيته وهو يقترب من مقعده فلفت انتباهي على الفور وجود قصاصة ورق بين صفحات الكتاب ورحت أترقب ماذا عساه أن يكون، ولكنني لم أتلفظ بكلمة. وما كان من نعيمة بعد السلام والمجاملة إلا أن فتح الكتاب على الصفحة حيث وضع قصاصة الورقة وقال لي: "اقرأ لي هذا المقطع (مشيراً إليه).. أريد أن أسمعه منك شخصياً لأتحقق من إحساسك

بما كتبت". وأضاف: "برأيي أن هذا المقطع الصغير يختصر فلسفة الكتاب..". وما أن سمعت كلمة الإطراء هذه التي جاءت على لسان نعيمة بكثير من الجدية والوجدانية، حتى تحولتُ بلحظة سحرية إلى إنسان آخر، كالفارس يقفز فوق الحواجز أو ثائرٍ يتحدى المخاطر، فتناولت الكتاب بكثير من الثقة وتنفست الصعداء بعد أن كاد يتوقف قلبي عن الخفقان، وقرأت المقطع الذي عينه نعيمة وهو التالي:

".. أيها العابثون بمشيئة الله، لا تقربوا أوكار الظلام ولا تواكبوا قافلة الضباب إن كنتم تقصدون النور.. واعلموا أنكم تسيرون في نفق من الضلال لن تهتدي فيه قلوبكم بغير ذكر الحق. وإن ذكرتم الحق في أنفسكم فإنكم سترشدون.."

وما أن فرغتُ من قراءة الكلمة الأخيرة، حتى أخذ الأستاذ نعيمة يضرب بيده على حافة المقعد بضربات متتالية تأثراً وإعجاباً بما يسمع ثم نظر إليّ قائلاً: "رائع.. حقاً رائع! سأعترف لك أنني لم أكن أنتظر أن تفاجأني بهذا العمق الصوفي فيما كتبت ولا بهذه الحكمة التي أطلقتها على لسان "الأبله". ويهمني أن أشير هنا إلى أمر هام وهو أن الحكمة التي أوردتها في كتابك، قد انتزعتك، من حيث تدري أو لا تدري، من عالم الشباب الذي أنت منه اليوم لترميَ بك في عالم الشيوخ المثقل بالخبرة والتجارب. إنها مسؤولية كبيرة يا خالد والمشوار طويل ولا زلت في أول الطريق. أرجو أن تتنبه إلى هذه الحقيقة..".

لم أصدق ما كانت ترى عيناي أو تسمع أذناي من ثناء وتقدير وتشجيع. وكنت أتساءل بيني وبين نفسي هل حقاً قرأ نعيمة الكتاب البارحة أم أنه تصفحه وقرأ بعض المقاطع فوقع نظره على المقطع

إياه...؟ كنت أنظر بين الحين والآخر إلى السيدة مي، التي كانت تراقبني والابتسامة لا تفارق شفتيها، كيف أنها كانت توافق على كل ما يقوله عمها من ثناءٍ أو تعليق. ولاحظت بكل تأكيد أنها هي الأخرى قد قرأت الكتاب لأنها كانت تتحدث بمضمونه وأبعاده حتى أنها حاورتني بمعنى البلاهة والحكمة في الذات البشرية والنظرة الفلسفية التي أشرتُ إليها من خلال تسمية كتابي بـ "الأبله الحكيم".. أما الرسالة التي خصّنني بها الأديب الكبير ميخائيل نعيمة والتي أعتبرها "وثيقة شرف"، هي من أهم الشهادات التي حصلت عليها في حياتي لأنها صادرة عن أكبر مرجع أدبي وفكري في لبنان والعالم العربي.. وقد شكلت فعلاً هذه الرسالة بالنسبة لي، الحافز الحقيقي للمتابعة والمثابرة على الكتابة. (صورة الرسالة الأصلية بخط نعيمة منشورة في مكان آخر من الكتاب وكان قد كتبها في ذات اليوم الذي جئت فيه لزيارته، أي في 15 شباط 1974).

أما نص الرسالة فهو التالي:
ميخائيل نعيمـة
بسكنتا ـ لبنان
15 شباط 1974

عزيزي خالد،

استهواني في كتابك "الأبله الحكيم" نفس شعري أصيل ونزعة باطنية لا تتهيب الغوص إلى الأعماق، ولا تتلهى بظواهر الأشياء عن بواطنها، ولذلك فهي تخاطب الناس بمنتهى الجرأة:
" أيها العابثون بمشيئة الله، لا تقربوا أوكار الظلام، ولا تواكبوا قافلة الضباب إن كنتم تقصدون النور.. واعلموا أنكم تسيرون في نفق من الضلال لن تهتدي فيه قلوبكم بغير ذكر الحق. وإن ذكرتم الحق في أنفسكم فإنكم سترشدون.."

تمنيت لو أنك وضعت "الأبله" في إطار فني يليق بالحكمة التي تنزلق عن لسانه وبالنفثات الشعرية التي تصعد من وجدانه..
لست أريد أن يفوتني التنويه بحسن ذوق رئبال نصر الذي وضع رسوم الكتاب، وبحسن ذوقك أنت في إخراجه.. تباركت باكورتك والروح التي تمخضت عنها.

المخلص
ميخائيل نعيمة

****

فيما يلي صورة رسالة نعيمة بخط يده:

ميخائيل نعيمه
بسكنتا - لبنان

١٥ شباط ١٩٧٤

عزيزي خالد

«استهواني في كتابك «الأبله الحكيم» نفس شعري أصيل ونزعة باطنية لا تستهويه الغوص الى الأعماق، ولا تشتهي ظواهر الأمور من بواطنها. ولذلك فهي تخاطب الناس بمنطق الجرأة:

«أيها العابثون بخشية الله، لا تقربوا أوكار الظلام، ولا تواكبوا قافلة الضباب إن كنتم تقصدون النور.

«اعلموا أنكم تسيرون في نفق من الضلال لن تهتدوا فيه. وإن ذكرتم الحق في قلوبكم لغير ذكر الحق، أنعم! فإنكم مسترشدون».

تمنيت لو أنك وضعت «الأبله» في إطار فني يليق بالحكمة التي تتدفق من لسانه وبالنفثات الشعرية التي تصعد من وجدانه.

لست أريد أن يفوتني التنويه بحسن ذوق وجمال فن الذي وضع رسوم الكتاب، وبحسن ذوقك أنت في إخراجه. تباركت باكورتك والروح التي تمخضت عنها.

المحب
ميخائيل نعيمه

والجدير بالذكر هنا، أن هذه الرسالة التي تحتوي على بضعة أسطر، اضطرت أستاذنا الكبير لأن يصرف ساعات من الوقت لإتمامها ذلك أنه كان مصاباً بداء مستعصٍ (روماتيزم في المفاصل) في ذلك الوقت، إلى جانب ما كان قد ناله من العجز وهو ابن الرابعة والثمانين كما مرّ معنا، فكانت تخونه يده التي يمسك بها القلم ولا تستقر على الورق حتى يدعِّمها باليد الأخرى. فكانت الكتابة تستلزم الوقت الطويل لإتمامها كما كان عليه أن يتحمل ما ينتج عنها من آلام. والواقع أنه كان قد أعفى نفسه من الكتابة اليومية (كما كان يفعل في السابق) في هذه المرحلة من العمر، إلا عند الضرورة، ولم يكن هناك ما يضطره إلى وضع الرسالة هذه سوى الاقتناع بأهميتها بالنسبة لكاتب ناشئ مثلي، خاصة أنه أعجب بالمادة التي قدمتُ..

وكما يلاحظ القارئ، فقد جاء في رسالة نعيمة نوع من التمني "لو أنني وضعت "الأبله" في إطار فني يليق بالحكمة التي تنزلق عن لسانه وبالنفثات الشعرية التي تصعد من وجدانه". وقد كان لي معه حديث طويل حول هذه الملاحظة وعرفت أنه كان يفضّل أن يرى الأبله في إطار "درامي" روائي يتناسب مع التسمية التي أطلقتها عليه. فوعدته أن أجري التعديل في الطبعة الثانية للكتاب وسيكون ذلك في موعد قريب باعتبار أن الطبعة الأولى قد باشرت على النفاذ من السوق بحسب إفادة شركة التوزيع.

وللأسف، تشاء الصدف أن يكون هذا "الموعد القريب" للإصدار الثاني بعيدا وبعيداً جداً إذ لم أتمكن من تحقيقه إلا اليوم، بعد خمسة وثلاثين عاماً على الإصدار الأول..

لماذا تأخر الإصدار الثاني؟

نفذ الكتاب من الأسواق كما ذكرت في غضون ستة أشهر، أي في صيف 1974، وكنت لا أزال أعرِّف به مستخدماً سائر الوسائل الإعلامية المتاحة. وكنت أحاول خلال تلك الفترة الاستفادة من كل الملاحظات التي كانت تردني حوله، من حيث الشكل أو المضمون، بقصد التركيز على نقاط النجاح وتلافي نقاط الضعف عند إصدار الطبعة الثانية.

وكان القرار المبدئي أن أصدر الطبعة الثانية من الكتاب في منتصف العام 1975. إلا أن الحرب الأهلية اللبنانية، التي انطلقت شرارتها الأولى من أحداث 13 نيسان 1975 الدامية ولم تتوقف إلا بتوقيع اتفاق الطائف عام 1989، حالت دون ذلك. كان عليّ خلال فترة الحرب هذه والتي دامت خمسة عشر عاماً، أن أبدّل بالأولويات كما فعل جميع اللبنانيين المقيمين في لبنان والذين عاشوا ويلات هذه الحرب القذرة. وهكذا أصبح إصدار "الأبله الحكيم" في طبعته الثانية في آخر سلم الأولويات لدي وكان عليّ الاهتمام بأمور حياتية ملحة تضمن الأمن والسلامة لعائلتي.

اجتاحت إسرائيل لبنان في العام 1982 حتى العاصمة بيروت من دون أية مقاومة تذكر باستثناء بعض العثرات التي واجهتها في طريق دخولها إلى المناطق. وكان من سوء حظي أن تدور في بلدة شملان - قضاء عاليه - حيث كنت مقيماً مع عائلتي، معارك جانبية للقوات الغازية مع بعض المجموعات الفلسطينية وأخرى من الجيش السوري كانت تقيم في المنطقة وقد قطعت قيادتها عنها المؤن والامدادات. فما كان من القوات الإسرائيلية إلا أن حسمت الأمر

باقتحام البلدة عشوائياً مستخدمة سلاح البر والجو والبحر. وكان بنتيجته أن دمّرت بيوتناً.. ولكننا نجونا مع أولادنا والحمد لله.
وعلى أثر هذا الاجتياح غير المسبوق للبنان ودخول الاسرائيليين إلى كل قرية ومدينة - دخول أصحاب البيت - دون أن يواجَهوا حتى بالاعتراض، سقطت بنظري كل الإيديولوجيات القومية والشعارات التقدمية والخطابات الثورية، التي ملأت آذاننا وكانت شغلنا الشاغل على امتداد سنوات من الزمن، اعتباراً من ستينيات القرن الماضي، أيام الدراسة الجامعية. فأيقنت، في مشاهدة حية للواقع، كم نحن متعلقون بقشور الأمور عن بواطنها وكم نحن بحاجة إلى وقف الانفعال و"تأجيل الثورة" أو ربما إلغائها، والعودة إلى الينابيع الصافية لتفهم واقعنا الاجتماعي الحقيقي والاقلاع عن الادعاءات والشعارات الفارغة..

وفي منتصف العام 1983 غادرت مع عائلتي إلى اليونان حيث أمضينا، في العاصمة أثينا، خمس سنوات نترقب العودة إلى لبنان في كل يوم، ثم نعود ونعدل عن فكرة العودة بسبب استمرار إقفال مطار بيروت لدواع أمنية. وفي العام 1987، قررنا الانتقال من اليونان إلى كندا حيث كانت الحكومة الكندية قد أقرت برنامجاً خاصاً تمنح بموجبه الاقامة للمهاجرين من اللبنانيين بسبب الحرب الأهلية المفتوحة. حصلنا على الاقامة في كندا وانتقلت إليها مع العائلة تحديداً بتاريخ 1988/6/4. وها نحن قد مضى على وجودنا في كندا عشرون سنة بالتمام والكمال، قضيناها بما يشبه التشرد والتردد لوجودنا في غربة عن الوطن وغربة عن الذات، تتجاذبنا مغريات العيش فيها هنا وحنين العودة إلى الجذور هناك. وفي أجواء القلق

هذه، كانت تمر الأيام وأنا في سعي مستمر لتأمين عدد من المطالب الحياتية الملحة من دون أن أبلغ نهاية.. وربما حان الوقت اليوم، بعد خمس وثلاثين سنة على إصدار الطبعة الأولى من "الأبله الحكيم"، لأعود إلى الصفاء الذهني وأتمكن من الوفاء بالالتزام الذي قطعته على نفسي بإصدار الطبعة الثانية مع إجراء التعديل عليها بوضع "الأبله" في الإطار الفني اللائق الذي أراده ميخائيل نعيمة..

إبني الروحي..

وفي العودة إلى الاصدار الأول والحصول على رسالة نعيمة المؤرخة في 15 شباط 1974، طرأت فكرة إقامة حفلة عشاء تكريمية من قبل نادي لبنان الجديد ومجلس إنماء قضاء عاليه لمناسبة صدور "الأبله الحكيم" وتولى أمر التحضير لها الصديق مراد الخوري الذي غمرني بنبل عاطفته ومحبته وقدم الكثير من الخدمات في تلك الفترة مشكوراً. كنت في ذلك الوقت رئيساً لمجلس إنماء قضاء عاليه بينما كان الاستاذ مراد رئيساً لنادي لبنان الجديد. ويسرني هنا التنويه، بجهود أعضاء اللجنة التي تألفت من المؤسستين للتحضير والإشراف على حفلة التكريم وهم السيدات والسادة: مراد الخوري، منى الأحدب، عدنان العريضي، فاديا حاطوم، غسان حتي، هدى مرعي، جورج أبي اللمع، فاديا حميدان وميشال أبي شاهين.

أقيمت حفلة التكريم بتاريخ 15 آذار 1974 في فندق كارلتون - بيروت، حضرها عدد كبير من رجال السياسة، والأدب والفن والصحافة. وكان ضيف الحفلة الأديب ميخائيل نعيمة الذي حرص

على ألا يتغيب عن المناسبة. ويشرفني، في هذا السياق، أن أنقل التفاصيل التي رافقت دعوة أستاذنا الكبير إلى حفلة التكريم كما رواها الأستاذ مراد الخوري والسيدة منى الأحدب ـ عضوا لجنة التكريم ـ اللذان زارا نعيمة شخصياً، وقدما له دعوة خاصة للحضور.. وقد ورد حرفياً في مقدمة ما كتبه مراد الخوري عن "الأبله الحكيم":

"أكد لنا الأستاذ ميخائيل نعيمة حرصه على حضور حفلة التكريم هذه، بالرغم أنه لا يحضر حفلات من هذا النوع، لما يكن للأديب خالد حميدان من مودة وتقدير. وقد أشار إلى هذا الأمر ونحن في دارته في "الزلقا" حين دعوناه إلى حفلة التكريم إذ قال:

"لا مفر لي من الحضور لأن خالد حميدان يحتل مكانة خاصة في نفسي، فهو بمثابة ابني الروحي لما يطالعنا به من أدب وجداني واعد في باكورته "الأبله الحكيم"..

إنه لشرف كبير أن يخصني نعيمة بهذه "الأبوة الروحية" وهو الذي كان المنارة المشعة لعشاق النور والمنهل الصافي لكثيرين من المفكرين والمبدعين من لبنان والخارج..

*****

لا يسعني في ختام هذه المقدمة إلا أن أتقدم بالتحية والإكبار من روح أستاذنا الكبير ميخائيل نعيمة لأقدم له "الأبله الحكيم" في الإطار الفني الذي أراده.. أرجو أن أكون قد وفقت في جعله لائقاً وملائماً لما تصوره قبل خمسة وثلاثين عاماً.

عشق نعيمة الحياة لأنه تلمس فيها كل ما صوره الله من حق وخير وجمال.. ويقول عنها: "الحياة لا تموت، المحبة لا تموت، الضمير

لا يموت والذات التي هي أنت لا تموت وإن ذابت.. ففي ذوبانها حياتها !".

اليوم وبعد مضي عشرين سنة على رحيله، يعود ميخائيل نعيمة إلى الحياة في استذكارنا واستحضارنا له بعد "ذوبانه".. فالعارفون المتفوقون هم كالحياة في ديمومتها، لا يموتون....!!

تورنتو ـ كندا ـ 2008-06-04
خالد حميدان

➤

حكاية ذلك الأبله!؟

اقتربت منه وقد استرخى بالقرب من ساقية بعيداً عن ضوضاء الناس.. كأنه افتقد حبيباً غالياً شاءت الأقدار أن يكون عنه بعيداً.. فلازم الصمت إلى الأبد..

نظرت إليه وقد اتسعت حدقتاه وسكن كل ما فيهما من حراك كأنك أمام تمثال جبل من تراب. لم يكترث لوجودي بالقرب منه، وما كان ليبدّد سحابة تأملاته ضجيج الوجود ودوي الرعود..

فأخذت نفسي تحدثني أشياء وأشياء وأنا أقف كالغريب في عالم ذلك الرجل. وخيل إلي أن في صمته هذا تسكن أسرار الكون بأسرها وأن السنين قد جمعت فيه شتاتها.

إنه الأبله الذي قذفت به أيدي الإحن في مستنقعات القنوط وأقعدته الأيام طريح اليأس والخمول.

ـ اعذر فضولي يا صاح.. هل لي بالتحدث إليك؟

فانتفض من غفلته ونظر إليّ متفحصاً مدققاً وكأن خبراً مذهلاً قد وقع عليه. ثم قال بصوت خافت وهو يبتسم:

ـ عجيب أمرك أيها القدر..

رجل يطلب التحدث إلى الأبله؟

ـ ما هو سرّك أيها الرجل؟ ومن تكون؟

فقال بصوت متهدّج مرتعش وهو ينظر في الأرض بعد أن تردد في التحدث إليَّ:

أنا الأبله يا أخي.. لقد نبذني قومي ولقبني الناس بالأبله. أنا ابن هذه الأرض أجوب مشارقها ومغاربها. لا وطن لي ولا ملاذ.. لقد شرّدني التفتيش عن الحقيقة.

إنني أبحث عن وهم...!

نواجه الحقيقة في كل يوم، بل في كل لحظة ونذهب للتفتيش عنها في لجج الأوهام والأحلام..

كان يصعِّد الكلمات زفراتٍ من صدر تأججت فيه نار الحزن والألم وكأنه يعيش لحظات نزاع بين الموت والحياة. غير أن فضولي لا يرحم، فرحت أطلب المزيد من حديث ذلك الأبله وسألته:
ـ أو ليست الحقيقة هي الدافع للعمل؟
فقال: إن الدافع للعمل هو ذلك الخيط من النور الذي يشدّ الانسان إلى الأعلى ويربطه ربطاً وثيقاً بشيء يسميه الأمل. ولو فتش الانسان في قرارة نفسه لأيقن أن الأمل ليس سوى انبعاثٍ مما يصح أن يسمى بقلق الوجود.. بضجيج الصمت الداخلي.
وهذا الخيط من النور مصدره ومنتهاه الحقيقة.

والحقيقة بمفهومها العام واحدة لا تتجزأ. غير أن الانسان، حبيس حواسه الخمس القاصرة، لا يستطيع أن يدرك الحقيقة الأزلية في وحدانيتها.. بل إنه يتصوّر مجموعة من الحقائق النسبية التي تنحل وتندثر مع حركة الكون والفساد. وهذا الانصراف عن الحقيقة، هو الخطر الذي يهدد استقرارنا ويرمي بنا في متاهات الشك والتردد..

أخي.. لقد ملّني التساؤل وقذف بي إلى نهر من الدموع، تتجاذبني فيه أمواج الحزن واليأس، فإذا بي كسيح الشعور، فقير الإرادة، لا أقوى على الصراع.
أنا الأبله الغريب!
الغريب عن الناس وعن ذاتي..

أنا القيثارة الصمّاء التي اقتلعت أوتارها يد الزمان.

أنا الهارب من الناس وقد اخترت أحضان الطبيعة مضجعاً لوحدتي يسامرني فيها حفيف السنابل وهمس السواقي وزغردة الطيور. أغفو على وشوشات الغصون المتمايلة مع النسيم وأصحو على تمتمات الرياحين في الحقول.

لقد هجرت عالمهم المخيف الذي تعشش فيه ظلمة النفوس المريضة لأعيش في أعماق وحدتي أتعشق جمال النور.
فهناك تعبث بالقيم رياح الضغينة. عدو يقاتلك ويشرّدك على أرضك وصديق يتنكر لك في وضح النهار. أما هنا فلا مكان للضغينة..
فليس لي عدو وليس لي صديق..
هناك للشر ألف دار ومعلم وليس للخير من ملاذ. لقد ألفوا الرذيلة إذ أصبحت جزءاً من كيانهم ولا تزال الفضيلة مشردة تقطن أوكار الفجور..
إنهم مقيدون بسلاسل الجهل والبغضاء،
ليتهم كانوا يعلمون..
يرددون هتافات الانتصار
ونصال الانكسار ما برحت تمزّق أجسادهم..
يهللون للحق
وجراثيم الباطل ما زالت متغلغلة
في ضمائرهم..
ويتغنون بالعزيمة والصمود
وبراثن الهزيمة ما فتئت محددة في نفوسهم.!

فليس بالهتافات تسجل الانتصارات
وليس بالتهليل ينتصر الحق
وليس بالتغني يخلق الصمود

لكل هذا تراني هنا وقد استقر بي المقام..
هذا ما سطرته لي يد الزمان على جبين الوجود،
أن أعيش في دنيا اليأس والدموع حائراً هائماً مترقباً نداء العالم الآخر.. أنا الأبله المنبوذ..

***

لم يكن لقائي بذلك "الأبله" كغيره من اللقاءات العادية المألوفة. ولا الحديث الذي جرى بيننا كان مألوفاً وقد أحدثت كلماته في نفسي ارتعاشاً كالريح التي تنذر باقتراب العاصفة. شعرت بالتحدي يلاحقني.. يستفزني.. وكأنني أخضع إلى امتحان عسير أو سؤال غابت عن ذاكرتي كلمات الجواب عنه أو تبعثرت.. ولم يمضَ وقت حتى لمْلمْتُ ذاتي لأتغلب على التردد والخوف، وقررت مباشرة الرحلة إلى ضمير الانسان عملاً بتعاليم الأبله.. فقصدت "داره" ذات يوم، بالقرب من الساقية، لأغرف من مناهله ومعارفه ما تيسر، غير أنه لم يكن هناك..

فاتجهت في اليوم الثاني إلى ذات المكان، ولكنني لم أوفق. فعاودت الكرة في اليوم الثالث والرابع والخامس.. دون فائدة. ولم أفقد الأمل، بل كنت أكرر المحاولات لاحقاً كلما كانت تسمح لي الظروف، علني ألتقيه حتى ولو لمرة واحدة بعد.. فتشت المكان في كل الاتجاهات ولم أعثر له على أثر حتى حملتني قدماي ذات يوم إلى بوابة كبيرة مقفلة كأنها الحاجز بين الموت والحياة. فشعرت بأنني اقتربت من

"نهاية المطاف" حيث يرقد الأموات في صمت العالم الآخر، وحيث السكون والسلام يرسمان اللوحة الأبهى للمساواة بين أجناس البشر.. وما هي إلا لحظات حتى سمعت وقع خطوات تقترب مني، فارتعشت للوهلة الأولى وكأن قوةً غريبة انتزعتني من لحظة التأمل التي كادت أن تخطفني إلى البعيد، واستدرت باتجاه الصوت وإذا برجل ذي قامة طويلة يتوقف ويسأل:

- من أنت أيها الرجل، وما الذي حملك إلى هنا؟
- إنني أبحث عن معلم ناسك كنت قد التقيته صدفة بالقرب من الساقية..
- وأين أنت من الساقية.. إنها على مسافة بعيدة من هنا.
- ولكنني فتشت في كل الاتجاهات ولم أعثر على ضالتي.. حتى وصلت إلى هنا.
- (مهمهماً) وهل تعني الناسك الأبله؟
- الأبله...؟ ربما.. أجل.. لقد ذكر أمامي أنه كان يُلقب بـ "الأبله"..
- أعرفه جيدا وقد بات في عهدتي الآن.. (متنهداً) طيب الله ثراه..

عرفت لتوّي أنني أخاطب "حارس القبور" الذي يتعهد كل الأموات بعد انتقالهم إلى مملكته. فنظرت إليه مستغرباً ومحدقاً:

- ماذا تقول...هل؟ فقاطعني قائلاً:
- مع الأسف، إنها الحقيقة التي لا بد منها.. لقد انتقل إلى الناحية الأخرى من "البوابة" ليلتحم مع الصمت الأبدي..

هزّني الخبر ونزل عليَّ كالجليد، ذلك أنه لم يتسنَّ لي اللقاء بالأبله سوى تلك المرة اليتيمة. وسألت حارس القبور على الفور بسذاجة وعفوية:

- وبهذه السرعة!؟

فنظر إليَّ عابساً مستغرباً:

- ماذا تعني.. بهذه السرعة؟ إنها ثانية واحدة التي تفصل بين الحياة والموت..

- أجل.. لا شك وأنك على حق! أرجو المعذرة. (صمت).. هل جاء الناس لوداعه يوم رحيله؟

- لم يكن في وداعه أحد. لقد نبذه الناس منذ زمن.. إنه الأبله المنبوذ....!

فنظرت إلى صاحب القامة الطويلة وقلت ببالغ التأثر والهدوء:

- بل إنه "الأبله الحكيم"..

وما أن ذكرتُ هذا، حتى جحظت عينا الرجل وقال:

- لا شك وأنك أنت صاحب تلك الرسائل. لقد أودع الأبله لدي مجموعة من الرسائل وقال لي موصياً قبل أن يلفظ أنفاسه الأخيرة: "إنها أمانة أيها الصديق. احفظها لديك ولا تعطها إلا لصاحبها".

- وكيف عرفت أنني صاحبها وهو لم يذكر اسماً.. هو لم يعرف حتى اسمي؟

- كنت قد سألته الأمر وأجاب على الفور: "ستكتشفه بنفسك".

وبالفعل ها أنا أشعر أنني اكتشفت صاحب الرسائل بنفسي، ذلك إنك أنت الوحيد الذي جاء ليسأل عن "الأبله" بعد رحيله. لقد انتابني شعور أنك الصديق المنشود.

رافقت الرجل إلى حيث يقطن في كوخ بالقرب من "مدينة الأموات" ليسلمني رسائل الأبله الحكيم. نظرت إليها بفرح لا يوصف واستودعته مسرعاً من حيث أتيت للاطلاع على مضمونها، وإذا بها ثلاث عشرة رسالة موجهة إلى الانسان، أي إنسان تطأ قدماه هذا

العالم الأرضي، ومذيلة بتوقيع "الأبله الحكيم"، هذا الحكيم "العاقل" الذي رضي بالبلاهة لقباً ليكشف من خلالها مكامن الحكمة والمحبة في الذات البشرية داعياً الناس إلى نصرتها والتمسك بها..

*****

إن الثورة التي كانت تتأجج في صدري ولطالما أحرقتني نارها، ما كانت لتتفجر زخماً وعطاءً لو لم أصادف ذلك "الأبله المنبوذ".
وتلك كانت مشيئة القدر لأتفلت من قيود السهو والاستسلام التي كبلت انطلاقتي إلى ضمير الانسان، لأعيش في أعماقه وأسامره في خلجات روحه، في حزنه ويأسه، في عزمه وبأسه..
وكان لقائي بالأبله فرحتي الكبرى إذ لقيت نفسي بعد أن تفتتت وتناثرت أشلاؤها. وما عاد يعوزني الايمان، لقد أضيئت شموع الطريق أمامي إلى قلب الانسان.
كنت ذرّة من تراب لا شأن لها، تتناقلها أجنحة الرياح شزراً واستهتاراً. ووقفت أمام الريح بعد أن ثبتّ أقدامي في الأرض. فلم أعد ذرة من تراب فأنا بعض هذه الأرض. أنا الأرض الثابتة الصامدة بوجه الرياح، لا تسحقها الأقدام ولا تجرفها السيول ولا تفتتها الأعاصير. أنا الأرض المعلنة بعنادها وصمتها، عن وجودها وعطائها.
سأفتش عن الانسان في كل إنسان وسأدعوه إلى مرافقتي على الدرب الطويل..
فلا قيمة للإنسان إن لم يعمل لخير الانسان، فهو كالغصن اليابس الذي شطرته يد الحطاب عن الشجرة، مصيره إلى النار..

سمعت الحكمة على لسان الأبله فكان لوقعها في نفسي دويّ الرسالة المنزلة، فحملت مشعالها..
وجدت في ضياعه وجودي وفي خموله ثورتي،
فاستخرجت من ضعفه قوة ومن يأسه عزماً..
لقيت في إغفائه بصري وفي تشرده حقيقتي،
فاستمديت من قنوطه عطاء ومن ظلمته نوراً..

لن استسلم للخوف بعد اليوم إذ لقيت نفسي، وقد عزمت السير على درب الحياة.. درب المحبة والعطاء..
وسأوجه ندائي إلى كل إنسان لنسير معاً على هدي رسالة الأبله. الأبله الحكيم..

البديل لبلوغ الانتصار..

انطلقت المعارك الأولى نحو التحرر والاستقلال في منطقة المشرق العربي، مع انطلاقة الحرب العالمية الأولى ـ أي مع مطلع القرن العشرين ـ في ظل هيجان شعبي وتململ اجتماعي غير منظمين في طول البلاد وعرضها.

وقد جاءت حركة التحرر هذه بالرغم مما كان يشوبها من أخطاء لتوقظ الشعوب التي كانت رازحة تحت النير العثماني، من السبات العميق الذي دام قروناً طويلة لم يُعرف خلالها سوى الاستسلام والخضوع لمشيئة الباب العالي. إلا أن بريطانيا، التي كانت تحضّر إلى جانب الحلفاء لطرد العثمانيين من منطقة المشرق العربي ـ التي تعرف بالهلال الخصيب ـ وإحكام السيطرة عليها، وجدت في استخدام الثوار الرافضين للسلطة العثمانية الأداة المناسبة لعمليتها وأجرت الاتصال بالشريف الحسين أمير الحجاز إذ رأت فيه الشخصية العربية المناسبة والقادرة على القيام بهذا الدور لما كان لديه من تأثير قيادي وديني في ذلك الوقت. غير أن اعتماد الانكليز في الواقع، لم يكن على شخصية الحسين بقدر ما كان على دهائهم وغدرهم والتنكيل بوعودهم. ونموذج الدهاء الذي استخدموه في المفاوضات مع الحسين، وقد عرفوا نقطة الضعف لديه، هو

التشريف والتبجيل والترفيع بشخصه حتى المبالغة. ومثال ذلك ما جاء في مقدمة رسالة مؤرخة في 30 أغسطس 1915 من "مكماهون" المندوب السامي البريطاني إلى الشريف الحسين حيث يقول فيها:

"إلى الحسيب النسيب، سلالة الأشراف وتاج الفخار، فرع الشجرة المحمدية والدوحة القرشية الأحمدية، صاحب المقام الرفيع والمكانة السامية، السيد ابن السيد والشريف ابن الشريف، السيد الجليل المبجل، دولة الشريف حسين باشا سيد الجميع، أمير مكة المكرمة قبلة العالمين ومحط رجال المؤمنين الطائفين، عمت بركته الناس أجمعين أما بعد.."

كل هذا التبجيل والتبخير، بل قل "التدجيل"، جاء في المقدمة قبل الدخول بصلب موضوع الرسالة.. لم يكن الانكليز بالطبع ليتوقفوا عند الشكل وجل ما كانوا يرمون إليه هو استخدام الحيلة أياً كان السبيل إليها للفوز بثقة الحسين حتى ينصاع هذا الأخير في مراحل لاحقة إلى أوامرهم وينفذ الخطط التي يرسمونها له برجاله وعتاده. حتى إنهم كانوا يعرفون تمام المعرفة أن لا قدرة للحسين على القيام بالثورة لأن ليس لديه من المقاتلين سوى العنصر البدوي والبدو بطبيعة حياتهم ونشأتهم غير قابلين للقتال. ولكن البريطانيين راهنوا على التحاق بعض الضباط من بلاد الشام والرافدين المتعطشين للثورة والاستقلال، وهؤلاء يكنون للحسين الطاعة والتقدير.. وعن طبائع البدو يقول صبحي العمري في مذكراته وهو ضابط دمشقي من بلاد الشام اشترك في ثورة الحسين: "يعتمد القتال النظامي على الممارسة والضبط المؤسس على الطاعة ووحدة العمل والتنظيم وهو الأمر الذي لا يتلاءم مع طبع البدوي وطراز حياته". ويتابع

في مكان آخر: "لا أقصد بهذا أن أقلل من قيمة البدو وشجاعتهم وقد عاشرتهم مدة غير قصيرة ولذلك.. فإن ذكرت عنهم شيئاً إنما أذكره عن علم ومعرفة لا عن نقل أو استنتاج".

نشير هنا إلى أن العنصر الأساسي في ثورة الحسين كان وجود الضباط والجنود العراقيين والشاميين الذين أضفوا عليها الشكل العسكري النظامي وجعلوها تقف بوجه الجيش التركي موقف الند المتفوق بمعنوياته وإمكاناته.. ونذكر منهم من دمشق: محمود الهندي، خيري القباني وصبحي العمري، ومن بيروت: سعيد عمون، إميل الخوري والشيخ فريد الخازن، ومن نابلس: راغب الرشاش، ومن القدس محمد العسلي وخليل السكاكيني، ومن بغداد: نوري السعيد وبهجت الكروي، ومن طرابلس ـ الشام (كما كانت تسمى): سمير الرافعي، وكثيرين غيرهم..

لقد كان هم جميع الذين شاركوا في المعارك الأولى من الثورة، التخلص من النير العثماني من غير أن تكون لديهم رؤية واضحة للمستقبل أو استراتيجية متكاملة للحفاظ على الاستقلال الوطني إذا ما تحقق النصر على الأعداء. وقد فاتهم ما كانت تدبّر من ورائهم دول الحلفاء لإحكام السيطرة على البلاد واستغلال مواردها الطبيعية بعد تقسيمها إلى مناطق نفوذ. وقد تجلت المؤامرة يوم أعلن عن اتفاقية سايكس ـ بيكو في أيار 1916 التي تقضي بتجزئة سوريا (الطبيعية) إلى كيانات مختلفة تتقاسمها كل من فرنسا وبريطانيا بمباركة روسية عملاً بالمعاهدة التي وقعها الحلفاء الثلاثة في "سانت بترسبورغ" قبل شهرين من الاتفاقية والتي بينت فيها مناطق نفوذ روسيا على الأراضي المتاخمة لحدودها.. فبالرغم من توقيع هذه المعاهدة بين الحلفاء الثلاثة في الرابع من آذار 1916 إلا إن

الحكومة البلشفية لم تنشرها إلا في الواحد والعشرين من شباط 1918.

وفي نص المعاهدة الآنفة الذكر والمتعلقة بتقسيم سوريا الطبيعية وتوزيعها إلى مناطق نفوذ بريطانية ـ فرنسية، ورد فيما يخص فلسطين وأماكنها المقدسة بأن تكون خارجة عن السلطة التركية وتحت إدارة خاصة بإشراف بريطاني وفقاً لاتفاق يعقد بين الحلفاء الثلاثة بهذا الشأن. كما ورد في أن تكون سهول كيليكيا وميناء الإسكندرون منطقة دولية محايدة بإشراف فرنسي. أما التحفظ بالأراضي المقدسة في فلسطين بإشراف بريطاني كان تمهيداً مقصوداً من بريطانيا للحصول عليها في مرحلة لاحقة ومنحها لليهود، تنفيذاً لوعد بلفور، لإقامة وطن عنصري مكافأةً لهم على تعاون اليهودية العالمية معها في الحرب. وقد حصل اليهود بالفعل على ما سمي بوعد بلفور الشهير في الثاني من تشرين الثاني عام 1917، وهو عبارة عن رسالة من وزير الخارجية البريطانية آرثر بلفور إلى اللورد روتشيلد أحد زعماء الحركة الصهيونية آنذاك.

وقد جاء في الرسالة: "إن حكومة صاحب الجلالة تنظر بعين العطف إلى تأسيس وطن قومي للشعب اليهودي في فلسطين، على أن يفهم جلياً أنه لن يؤتى بعمل من شأنه أن ينتقص من الحقوق المدنية والدينية التي تتمتع بها الطوائف غير اليهودية المقيمة في فلسطين ولا الحقوق التي يتمتع بها اليهود في البلدان الأخرى. الرجاء إحاطة الاتحاد الصهيوني علماً بهذا التصريح..

المخلص: آرثر بلفور."

يبدو الخبث واضحاً في نص الرسالة حيث أوصى بلفور اليهود بعدم التعرض لحقوق أهل فلسطين المدنية أو الدينية في الوقت الذي

يصدر فيه هو الوعد المشؤوم ويسمح لنفسه التصرف بمال ليس ماله وبحقوق وحريات مصادرة من أصحابها.

ففي هذه الاجواء الملبدة التي خيمت على منطقة المشرق العربي وجلبت الويلات على شعب المنطقة، تمكنت فرنسا وبريطانيا من انتزاع الحقوق الوطنية من أيدي أصحابها، وعاث الفساد طول البلاد وعرضها وعمل المستعمر على إذكاء الاحقاد والنعرات الطائفية والمذهبية حتى نجح في إقامة الشرخ بين فئات الشعب الواحد بعد أن وضعت الحرب أوزارها مما أدى بالجميع إلى القبول بفكرة التقسيم وإنشاء الكيانات التي رسمتها اتفاقية سايكس ـ بيكو بالرغم من الثورات الوطنية الكثيرة التي قامت فيما بعد ضد الانتدابين الفرنسي والبريطاني وطالبت بالاستقلال الوطني. وليس بالخافي على أحد أن الاتفاقية هذه ما كانت لتتحقق لولا الدور السلبي والرجعي الذي لعبه الاقطاع ومؤسسات الطائفية السياسية في الانصياع للإرادة الأجنبية وتنفيذ سياساتها على حساب حقوق ومصالح الشعب. وقد حصل أمراء الطوائف والاقطاع بالمقابل على وعد من الانتداب بحماية نفوذهم وسلطانهم..

وهكذا، بنتيجة فقدان النهضة الواعية وفكرة السيادة القومية على الأرض الوطنية، نجح الأتراك في الاستيلاء على كيليكيا الواقعة في الجزء الشمالي من سوريا وتضم ألوية الإسكندرون وأنطاكية وأضنه ومرسين، بتسوية حبية مع الفرنسيين أو (بالتواطؤ مع الفرنسيين) الذين كانوا يقاومون هناك فلول الجيش التركي المتراجعة أمام قوات الحلفاء، تماماً كما نجح اليهود في اغتصاب الأرض الفلسطينية بتسهيل من البريطانيين تنفيذاً لوعد بلفور المشار إليه آنفاً.

وفي العودة إلى تاريخ المنطقة وتحديداً خلال العشرينيات والثلاثينيات من القرن الماضي، نتبين أنه بالرغم من حالة التردي التي كان عليها المشرق العربي من جراء غياب النهضة الاجتماعية وفقدان الذاكرة القومية، قامت بعض الحركات الوطنية تندد باتفاقية سايكس ـ بيكو وتحذر من وعد بلفور ومن الويلات التي ستحل بالبلاد من جرائهما. إلا أنها لم تنجح بالوقوف بوجه التيار الاستعماري الآخذ باجتياح المنطقة بوسائله العدوانية كافة حتى تمت تجزئة الوطن إلى كيانات وبالتالي تجزئة قضيته القومية إلى قضايا متعددة. وفي هذه المرحلة سارعت الدول الغازية لتأسيس ما عرف بعصبة الأمم المتحدة، التي تحولت فيما بعد إلى هيئة الأمم المتحدة، واعترفت المنظمة الدولية باستقلال هذه الدويلات ووضعت بينها، بالإضافة إلى الحدود الجغرافية، حدوداً إدارية دولية تضمن عدم تدخل الواحدة بالأخرى بموجب القوانين الدولية، فقطعوا بذلك الطريق على المطالبين بالوحدة والسيادة القومية. وهكذا تم لاحقاً تفسيخ القضية الوطنية الكبرى، فأصبحت المسألة الفلسطينية "قضية" الشعب الفلسطيني ومسألة الجنوب اللبناني "قضية" الشعب اللبناني ومسألة الجولان "قضية" الشعب السوري وحرب العراق قضية ومعاناة الشعب العراقي.

بالرغم من تقسيم البلاد إلى كيانات تسهل معها السيطرة على مواردها وخيراتها إلا أن الولايات المتحدة الأميركية وحليفتها إسرائيل، تعملان اليوم على رسم اتفاقية "سايكس ـ بيكو" جديدة لشرذمة المنطقة مرةً ثانية، وكأن الاتفاقية الأولى لم تعطِ النتائج المتوخاة لما يتعرض له الاحتلال الصهيوني في فلسطين والاحتلال الأميركي في العراق، من ضربات المقاومة المشروعة من أجل

تعطيل المؤامرة الجديدة.. ومن الواضح عندما نتكلم عن المقاومة نعني المقاومة الوطنية وليس عناصر الإرهاب الذين لا ينتمون إلى وطن أو دين.

فإذا ما نظرنا إلى الواقع المتردي الذي يعيشه "المشرق العربي" أو منطقة "الهلال الخصيب" بجميع كياناتها، يتبين لنا كيف تتكرر المعاناة منذ مطلع القرن العشرين وحتى أيامنا هذه وإن اتخذت أشكالاً مختلفة تتلاءم مع المرحلة التي تمر بها، حيث عمل ويعمل المستعمر في محاولات متكررة، على محو الذاكرة القومية وتغليب ثقافة الطائفية والقبلية على ثقافة الوطن، مشجعاً في ذلك قيام الأصوليات الدينية التي أصبحت اليوم تشكل الخطر الأكبر، ليس على مجتمعاتها وحسب، وإنما على العالم بأسره. أما الأسباب التي أدت إلى هذه المعاناة، فيمكن حصرها بخمسة:

أولاً: القرار الأميركي النهائي في السيطرة على البلاد
بعد الحرب العالمية الثانية أصبحت الولايات المتحدة الأميركية اللاعب الأول على مسرح الشرق الأوسط بتقليصه لدور فرنسا وبريطانيا (دون أن يبلغ حد الإلغاء). وقد حرص الجبار الأميركي على صداقة البلدين بإقامة التحالف معهما لاستخدامهما فيما بعد، في عملية الهيمنة على البلاد ومصادرة القرار الوطني تمشياً مع مصالحه الاستعمارية. وكان على أميركا عند نهاية الحرب أن تبدأ بإعداد الخطة للانقضاض على المنطقة وقد رأت في قيام الكيان الصهيوني على أرض فلسطين (تنفيذاً لوعد بلفور بمظلة فرنسية ـ بريطانية) ما يسهل عليها المهمة، فشجعت هجرة اليهود إلى الأرض المقدسة وتبنت قيام الدولة العنصرية التي عرفت فيما بعد بدولة

"إسرائيل". ومنذ ذلك التاريخ أي العام 1948، والولايات المتحدة ملتزمة بتقديم المساعدات العينية والمالية سنوياً إلى دولة إسرائيل لاعتبارات استراتيجية تضمنتها الخطة الشاملة، تتلخص في تعزيز قدرات إسرائيل كقاعدة عسكرية أميركية في خاصرة المشرق العربي.

وتنفيذاً لهذه الخطة، التي لم تكتمل فصولها بعد، كان على المنطقة بأسرها أن تعيش - ولا تزال - في جو من القلاقل، والاضطرابات الفكرية والاجتماعية والسياسية.

ثانياً: غياب النهضة القومية بسبب التجزئة والتقسيم

ونتيجةً لتقسيم البلاد إلى دويلات تفتقد أصلاً إلى المقومات الأساسية للحياة، كان على المستعمر أن يُبرز ويغذي عناصر بديلة عن النهضة القومية والتنشئة الوطنية مثل الاقطاعية والطائفية، مراهناً على تعلق المواطنين بها لتدبير حاجاتهم اليومية وصرف النظر عن قضيتهم القومية الكبرى. فشجع المستعمر على هاتين الآفتين الموروثتين عن الدولة العثمانية وكان بنتيجته أن ظل المواطن، كما في العهد العثماني، رهينة لا تتحقق له مصلحة إلا بواسطة الإقطاع أو الطائفة. وهذا ما يفسر تعثر أو فشل المحاولات النهضوية والتقدمية التي قامت في البلاد بوجه الاستعمار وحلفائه الاقليميين أو عملائه المحليين..

ثالثاً: تشجيع الاستقلال المزيف للكيانات وارتهان الحكم الوطني

ولما كانت تقوم في البلاد حركات تحررية وطنية من وقت إلى آخر هددت النفوذ الأجنبي في أكثر من موقع، كان على الاستعمار أو

الانتداب أن يقمع هذه الحركات بالترهيب حيناً وبالدهاء تارة مما أدى به في النهاية، إلى منح الاستقلال للكيانات المختلفة (التي خرجت بالتقسيم) على أن تبقى اليد الطولى فيها لمراكز الاقطاع والطوائف وبشرط أن يبقى الحكم الوطني مرتهناً للإرادة الأجنبية كما في السابق. ومن باب إحكام هذا التدبير وجعل الكيانات نهائية، ابتكر الاستعمار فكرة "عصبة الأمم" التي تحولت فيما بعد إلى "هيئة الأمم"، فقطعوا بذلك الطريق على المناضلين والمطالبين بالوحدة والسيادة كما مرّ معنا.

رابعاً: الاصطفاف الطائفي والانصراف عن قضية الوطن الكبرى
ففي ظل التقسيم الجغرافي والانقسامات الطائفية والمذهبية، تقلص الشعور بالانتماء الوطني ليحتل الانتماء الطائفي المكانة المرموقة خاصة مع بروز الطائفية السياسية واعتمادها في سائر مرافق الدولة (دولة الاستقلال). وهكذا استمر النظام الطائفي (برعاية أجنبية)، يتحكم بالحياة السياسية حتى أيامنا هذه مشجعاً الاصطفاف الطائفي ليصرف الشعب عن قضية الوطن الكبرى.

خامساً: محاولة غسل الذاكرة القومية وتزوير التاريخ
إن خطة الاستيلاء على بلاد المشرق العربي، ليست بالسهولة التي يظنها البعض حتى في ظل التقسيم والانقسامات الحاصلة بين أبناء الشعب الواحد. ومن أجل هذا، تعمل الارادة الأجنبية في محاولات مختلفة وعلى أكثر من صعيد، على غسل الذاكرة القومية وتزوير التاريخ بما يتلاءم مع الوضع الجديد للكيانات (المستقلة). وفي هذا الجو من الفوضى، تباينت المدلولات اللفظية والمصطلحات الفلسفية

والوقائع التاريخية، فاختلطت المفاهيم على الكثيرين وكان من أهم نتاجها الفوضى الفكرية والتباين في فكرة الانتماء القومي.

ومن المؤسف أن يجنح البعض إلى الادعاء بالقومية الكيانية (اللبنانية أو الفلسطينية أو الشامية.. إلخ) تارة، وبالقومية العربية طوراً واعتبار العالم العربي كله أمة واحدة، من غير الرجوع إلى المبادئ والقواعد العلمية والتاريخية في تحديد الانتماء القومي. فقد تأثر هؤلاء، ولا شك، بالنزعات الدينية التي تعتبر الدين عنصراً أساسياً في نشوء الأمة بالإضافة إلى اللغة..

لن أتوسع هنا في معالجة ظاهرة القومية العربية التي قامت في بعض بلدان العالم العربي وإن كنت أرغب أن أضيف شيئاً في هذا المجال: إن هناك توافقاً بين الدارسين والمفكرين على أن العالم العربي يتألف من مجتمعات عربية أربعة أو أمم عربية أربع: المشرق العربي، المغرب العربي، وادي النيل والصحراء العربية. أما تعداد الدول العربية اليوم بعد أن فعل التقسيم فعله أصبح يقارب العشرين أو أكثر وهو مرشح للزيادة. وإن الكلام عن وحدة عربية أو المزايدة فيه لا يفيد بشيء وإن كنا من دعاة قيام الاتحاد العربي (على غرار الاتحاد الأوروبي) مع الاشارة إلى أن الوحدة غير الاتحاد. فالوحدة تقوم في المجتمع الواحد أي بين أعضاء الجسم الواحد، بينما يقوم الاتحاد أو الجامعة بين عدة مجتمعات أي بين عدة أجسام لأنها تشترك فيما بينها بقواسم ومصالح مشتركة، وهذه هي الحال بين أمم العالم العربي. وحتى في هذه الحال، لا يمكن للاتحاد أن يقوم إلا بشروط قانونية واضحة. فالاتحاد هو عقد قانوني كأي عقد قانوني آخر يلزم لقيامه توافر شروط ثلاثة:

1ـ أهلية التعاقد. 2ـ الإرادة الحرة للمتعاقدين. 3ـ مشروعية الموضوع المتعاقد عليه.

فبالنسبة للشرط الأول، لا أهلية قانونية للتعاقد لأي بلد منقوص السيادة والحرية. وللأسف فعالمنا العربي، بمختلف كياناته، تحكمه أنظمة رجعية تخلت عن السيادة والحرية..

وبالنسبة للشرط الثاني، فلا تملك الأنظمة العربية إرادة حرة لأنها مرتهنة للخارج بوصاية أجنبية. ويبقى هذا الشرط غير محقق حتى ولو بموافقة الوصي الأجنبي، إذ من الطبيعي ألا تتجه إرادة الأجنبي إلى تشجيع التعاقد على اتحاد عربي وإلا يسقط دور الوصاية وتتوقف المصالح الاستعمارية.. وقد يتساءل البعض لماذا الاتحاد طالما أن الجامعة العربية قائمة وجل ما يلزم هو تفعيل الدور وحسب. والحقيقة التي تغيب عن بال كثيرين هي أنه لا مانع لدى المستعمر أو الوصي باستمرار الجامعة العربية، التي كانت بالأساس بدعة بريطانية، لأنها تشكل جامعة للأنظمة وهي لن تسلم حتماً من أظافره إذا ما قدر لها أن تتحول إلى جامعة حقيقية للشعوب..

أما فيما يتعلق بالعنصر الثالث، أي بمشروعية الموضوع المتعاقد عليه، فموضوع الاتحاد مشروع بامتياز لا يمس "الآداب العامة" أو "السلامة العامة" ولا "الأمن العام"، ولكنه ينتظر تحقيق الشرطين الأول والثاني.

تتفاقم المعاناة يوماً بعد يوم وقد باتت منطقة الشرق الأوسط بأسرها مهددة بـ "التجديد".. إن لم يكن من قبل الهيمنة الخارجية (الأميركية تحديداً وحليفتها إسرائيل)، فمن قبل الأصوليات الداخلية الآخذة بالنمو والانتشار. وما كان لتحدث كل هذه التهديدات والتحديات لولا غياب المشروع القومي.

المشهد ذاته يتكرر كل يوم: التحديات والمطامع الأجنبية على بلادنا، محاولات التقسيم المختلفة، إلهاؤنا بنظريات وأفكار لا تمت إلى حقيقتنا بصلة، تعميق الخلافات الداخلية وإذلال الشعب بالقمع والترهيب بواسطة الطائفية والاقطاع ورأس المال..

كل هذه الممارسات تصب في أهداف ليست أهدافنا وفي مصلحة ليست مصلحتنا. ولا حيلة لنا سوى بالعودة إلى المشروع القومي والالتزام بحركة النهضة والقيم الاجتماعية التي لا تتبدل مع تبدل الأهواء والنزعات، وبالإصرار على تقمص الدور الحضاري الذي يحمي الوطن وينقذ الانسان..

قد يرى البعض فيما أقول مبالغةً أو تفاؤلاً أو مستحيلاً.. لا فرق. ولكنني سأرد بسؤال عفوي بسيط: ما هو البديل لبلوغ الانتصار؟

ندوة "مجلس الفكر"
حول كتاب "الجبل تاج النار والنور"

بتاريخ 1995/05/20 وبدعوة من "مجلس الفكر" في مدينة بيروت ـ لبنان، أقيمت ندوة فكرية حول كتاب "الجبل تاج النار والنور" لمؤلفه الكاتب والصحافي مراد الخوري على أثر صدور الكتاب، اشترك فيها كل من نائب عاليه الأستاذ فؤاد السعد، رئيسة المجلس السيدة كلوديا شمعون أبي نادر والأديب خالد حميدان رئيس المركز الاستشاري للإعلام ـ كندا. وفيما يلي نص الكلمة التي ألقيت في المناسبة..

يسرني في مستهل هذه الكلمة أن أنوه بالالتفاتة الكريمة التي خصني بها "مجلس الفكر" الزاهر بدعوتي للاشتراك في ندوة اليوم، وقد جئت من كندا خصيصاً تلبية لهذه الدعوة..

وإنني، وإذ أشكر القيمين على المجلس الكريم، أخص بالشكر والتقدير السيدة كلوديا شمعون أبي نادر ـ رئيسة المجلس ـ التي تسهر على دعم وتشجيع الأعمال الفكرية لكي يبقى "مجلس الفكر" المنبر المدوّي وملتقى الأفكار الحرة المتعالية من أجل بناء لبنان الجديد الذي نطمح إليه جميعاً..

وجدانيات عاصفة
وبوح من الأعماق..
همسات حب
ونفحات من القلب صادقة..
دعوة إلى التعانق والتآلف،
إلى النهوض والانماء والبناء..

هكذا تراءى لي الصديق ورفيق الشباب الأستاذ مراد الخوري من بين سطور كتابه، "الجبل تاج النار والنور".
وإن أقرأ ما بين السطور، فلأنني أعي تماماً ما كتب مراد وما لم يكتب وقد خبرت ما تنطوي عليه شخصيته النادرة.. وكأني بكتابه هذا، نداء من ضمير لا يعرف الركوع والاستسلام، بل صرخة مدوية بوجه العبثية والاستهتار..
فمن شغفه وتعلقه في بلدته "عيناب"، ولدت علاقته بالأرض ومن خلال هذه الأرض خاطب كل الوطن.. وطن، أحبه وتغزّل بمفاتنه تغزّل العاشق المتيم بحبيبته.. حلم به وعياً وارتقاءً. وسعى بجهد متواصل ليحول الحلم إلى حقيقة واقعة، حاملاً شموع الأمل لتضيء له الطريق..
وعلى مدى أكثر من ربع قرن، استطاع مراد أن يقهر الملل واليأس، بإيمانه وعناده وصلابة قلمه. وأراه اليوم يتابع السير على ذات الطريق، يراوده ذات الحلم الجميل وقد أيقن وهو على عتبة الخمسين، أن الطريق إلى نهايته يطول ويطول..

مراد الخوري كما عرفته، هو الذي لا يعرف لطموحاته نهاية. فهو لا يقف عند عتبة إلا لينتقل إلى أخرى: في تعدد منشوراته الصحفية،

وفي تعدد نشاطاته الاجتماعية، وفي تعدد مواقفه الانسانية.. وهو في كل ما سعى إليه، كان يهدف إلى الأفضل والأسمى. فمن مجلس للإنماء في قضاء عاليه إلى تجربة مماثلة في الشوف والمتن، فإلى المجلس الأوسع والأشمل : "مجلس إنماء الجبل".

وفي مطلع السبعينات، ومن خلال تطلعه إلى الجبل ـ الذي أسماه فيما بعد "تاج النار والنور" ـ كانت مغامرة مراد الخوري الأولى في تأسيس مجلس إنماء قضاء عاليه وإصدار مجلة باسم "قضاء عاليه"، هذه النشرة الأسبوعية التي كانت تغطي أخبار القضاء وتعنى بالشرح النظري لسياسة الانماء وتعمل على تظهير كل الأعمال الانمائية التي تفيد المنطقة على مختلف الأصعدة..

ومنذ الخطوة الأولى كان لي شرف المشاركة في مغامرة الأخ والصديق، ذلك أننا التقينا إلى جانب المودة والصداقة، على أكثر من قاسم مشترك في تطلعنا إلى العمل الاجتماعي والانمائي وأدركنا منذ البداية أن النهوض بالمجتمع إلى سوية راقية ليس دوراً تضطلع به الحكومات أو طرحاً يورده برنامج المرشحين للانتخابات، بل هو عمل متواصل صامت يحققه المواطنون، كل في مجاله، تلك هي حقيقة الإنماء.. وإن قيام المبادرة الأهلية في المناطق، لا تتعارض إطلاقاً مع وجود الادارة المحلية، بل تعزز وجودها وتسهل عليها الدور في خدمة المواطنين.

أعترف أمامكم وللمرة الأولى، أنني لم أكن واثق الخطوة فيما عزمنا السير فيه، وخاصة في إصدار الجريدة، ولكن مراد وهو الواثق أبداً فيما يقدم عليه، أصرّ على الاستمرار مهما كلف الثمن.. ونجحت التجربة. وعلني الوحيد الذي يعرف حقيقة ما عاناه مراد الخوري

حتى بلغ النجاح. لقد دفع الثمن غالياً إذ تعرض لانتقادات ومضايقات لا تحصى.. همس وغمز وتساؤلات من هنا وهناك..
من يقف وراء مجلس إنماء قضاء عاليه؟
من يمول جريدة "قضاء عاليه"؟
وكأنهم يريدون، في محاولة رخيصة، أن يجهضوا التجربة الرائدة التي أطلقها مراد الخوري بعد أن سخر وقته وماله ليقدم النموذج الرائع في البذل والعطاء..
قال كلمته بجرأة نادرة، خاطب المسؤول، طرح القضايا والحلول وفي قلبه المثقل بالحب والحنين، حمل هم الوطن..
ذنب مراد أنه أحب الأرض التي أعطته النور..
الضغينة لها آباء كثر.. أما المحبة فيتيمة الوالدين وعليها يقع عبء الصراع الطويل..
سنقف إلى جانب مراد.. وسنواجه هؤلاء بالمحبة وهي خير سلاح، لأن المحبة لا تنتصر بغير المحبة كما لا يبصر قاتل النور إلا بذلك النور..
فيا أيها العزيز الحبيب..
إن دعوتك إلى التعلق بتقاليد الماضي وأعرافه للحفاظ على الجبل بتماسكه ومناعته، هي الدعوة ذاتها للحفاظ على كل لبنان في وحدته وسيادته.. فاعلم أيها الحبيب، أن لا خوف على الوطن من التفتت والاندثار طالما أن هناك من يطالعنا، أمثالك، بحقنا في الحياة الكريمة ويعلمنا بالقدوة الرائعة..
بالأمس سقط الشهداء، من هنا وهناك، ورووا الأرض بدمائهم الطاهرة. وقد شُيع الجميع، على اختلاف نزعاتهم وانتماءاتهم، على أنهم رحلوا من أجل أن يبقى وينتصر لبنان.. فالويل الويل لنا جميعاً

إذا ما استفاقت أرواح هؤلاء الأبطال لتسأل: ماذا حلّ بلبنان بعد رحيلنا...؟
لعل وحدتنا الوطنية هي الرد الحقيقي عل هذا التساؤل لتعطي لاستشهادهم معنى، وفيها تكمن مسيرة لبنان إلى الغد المشرق..

بوركت يدك المعطاءة أيها العزيز..
فإن الشعلة التي أضأتها في الجبل سيعم لهيبها كل لبنان ولن تحجبها أردية الضباب مهما تكثفت..
وهذا التاج الذي يسطع بناره ونوره لن يمسيَ رماداً مهما طال الانتظار، فإننا ولبنان والنصر على موعد..

الوصايا العشر

إلى الحبيبين "ضياء وديالا" وكل شباب جيلهما،
أهدي هذه "الوصايا العشر"
علها ترسم معالم الطريق وتضيء لهم الآفاق
إلى مستقبل كان لنا حلماً لم نبلغْه..

خالد حميدان

1998/01/25

في الثالث والعشرين من شهر كانون الثاني 1998 بلغ ابني "ضياء" سن الثامنة عشر، وكان أن وصلتنا رسالة من إدارة مدرسته قبل أيام قليلة من بلوغه سن الرشد القانونية يعلموننا فيها عن بعض التغييرات التي ستطرأ بعد هذا التاريخ وأهمها أنه لن يكون لنا الحق بالاطلاع على سير دراسته أو السؤال عن سلوكه وعلاماته وبالتالي لن يصلنا بعد اليوم البريد المعتاد الذي يتلقاه عادةً أولياء الطلبة من المدرسة.

وكأن إدارة المدرسة أرادت أن تنبّهنا إلى أن العلاقة التي كانت قائمة فيما بيننا وبين ولدنا طوال ثمانية عشر عاماً، قد توقفت عند هذا الحد. ولن يكون لنا حق التدخل أو المراجعة إلا بإذن موقع منه، هذا إذا وافق هو أن يطلعنا على الأمر..

صدمة.. لا شك وأنها صدمة رغم أنها الحقيقة، والحقيقة تصدم في أغلب ظروفها وتفعل فعلها في النفس، ولكنها ترسو في النهاية في أعماقك كجزء لا يتجزأ منك لأنها القدر الذي لا بدّ منه.

وفي الوقت الذي كانت فيه الصدمة تحفر لتجد مكانها في داخلي، كانت تراودني أفكار أخرى.. ماذا عساي أهدي ولدي الوحيد في يوم بلوغه الثامنة عشر، في وقت تتجاذبني فيه صدمات أخرى: الحنين إلى الوطن وأهل الوطن الذي ينهش بهم القلق والتشرذم.. التأرجح بين أنياب التنين في غربة لا تهدأ ولا ترحم، وفي مجتمع لا يصبّح فيه ولا يمسّي إلا "مندوب المبيعات".، تلك وحدها هي القيم الباقية التي تجد لها سعراً في السوق..!

وخطرت الفكرة في أن أهدي "ضياء" بعض الوصايا عله يطالعها ويستوعبها قبل أن ينضج الرفض في رأسه "عملاً بتوجيهات المدرسة" والمجتمع الذي يعيش فيه. ربما أتغلب وأقضي على الصدمة قبل أن تتغلب هي عليّ..

وكانت هذه الوصايا العشر:

ـ **الوصية الأولى**: إياك يا بني وقول الحقيقة.. فالحقيقة تجرح وتؤذي الكثيرين من حولك. ولا أظنك تسعى إلى إيذاء الآخرين.. بل حاول دائماً أن تطلق المديح والتبجيل وأن تلجأ إلى المساومة والمواربة. ولا بأس إن كان فعلك هذا يسمّى كذباً. "فالكذب ملح الرجال"..

ـ **الوصية الثانية**: إياك والتواضع.. فالتواضع "يفقدك كل الفرص في الحياة"، وإن دلّ على شيء فعلى ضعف في شخصيتك.. لذلك أكثر من الادّعاء والتظاهر وحدّث عن نفسك أينما حللت، فإن أنت

لم تُعلم الناس بما تتميّز به وتعلم، أهملك الجميع ولن يحدّث عنك بما فيك أحد..

ـ **الوصية الثالثة**: إياك والصمت وإلا وصفك الناس بالبلاهة لأن "الصمت والبلاهة توأمان". قل أي كلام وأكثر من التبجّح والثرثرة، فقد ترضي نفسك على الأقل إن لم تجد من يستمع إليك ويثني على ما تقول..

ـ **الوصية الرابعة**: لا تحسن إلى الغير أو ترفع ظلماً عن مظلوم، لأن بفعلك هذا ستخلق لدى من أحسنت إليه مركب نقص لن يفارقه مدى العمر وستضطر إلى تلقي الإساءة والشر منه ولو بعد حين..

ـ **الوصية الخامسة**: لا تقدّم عطاء أو مساعدة إلى ضعيف، لأن في عملك هذا إنقاذاً له من براثن الضعف وفيه يستعيد قوته. وليس من سبيل لإثبات عودة العافية إليه إلا برميك على الفور متى اشتد ساعده..

ـ **الوصية السادسة**: لا تصفح عن عدو أساء إليك، بل "ردّ الكيل كيلين" وإلا نعتك الناس بالجبن والتخاذل وتخليك عن الكرامة والشهامة..

ـ **الوصية السابعة**: إياك وأن تظهر المحبة في تعاملك مع الآخرين.. فالمحبة تدل على التخلف والرجعية والرضوخ إلى الأمر الواقع..

ـ الوصية الثامنة: لا تقترب من الطموح، فالطموح يفترس صاحبه ويرمي به في متاهات من الضياع. ولا تطلب العلى بل ارضَ بما أوتيت ولو على مضض.. فالقناعة كما يقولون "كنز لا يفنى"..

ـ الوصية التاسعة: إياك والنجاح، في أي حقل كان، لأنك ستسلط الأضواء عليك فتتفتح الأعين من حولك. ولن تنجو من مخالب حسّادك لأن نجاحك سيحجّمهم ويفضح فشلهم..

ـ الوصية العاشرة: لا تنتصر للحق أبداً أو تطلب الحرية والاستقلال وإلا جرّك ذلك إلى تأييد المقاومة الوطنية في بلادك فيلحق بك العار وتنعت بالإرهابي.. المفاهيم تبدّلت يا بنيّ فالوطن "أكذوبة" وحب الوطن "عار" والمقاومة الوطنية للذود عن حقه وسيادته "إرهاب"..

*****

سيستغرب ولدي لدى قراءته لهذه الوصايا وسيتساءل: ماذا حلّ بأبي؟ هل تبدل أم هي المفاهيم حقاً تبدلت؟؟
ماذا عساي أن أقول.. أستحلفكم بالله، هل يستطيع أحد إنكار ما في هذه الوصايا من تصوير حي للواقع المتردّي الذي نعيشه كل يوم.. إنه عصر الرضوخ للاضطرابات والمخاوف.. همنا أن نعيش اليوم، أما الغد فنتعامل معه في الغد..
إنه الألم الصارخ الذي حثني على كتابة هذه الوصايا، أما وأنها المرة الأولى وربما الأخيرة التي سيستمع إليَّ فيها ولدي، لن أستسلم للألم وأعطيه الفرصة ليشلّ إرادتي أو يقعدني عمّا يمليه عليّ الواجب الأبوي فاستدرك لأقول:

اعذرني يا ولدي إن أنا استسلمت للواقع المرير وقلت ما لم أرد قوله. إن ألم الواقع يحفر في أعماقي فيرسل بالآهات على لساني لأتفوه بما لست راغباً.. واعلم يا بنيّ:

1- إن الحقيقة تتجلى في الصدق وإن الصدق رأس الفضائل...

2- إن مرارة التواضع تجني الحلاوة والراحة كما تجني حلاوة الغرور مرارة وشقاء...

3- لا تحجب مساعدة عن ضعيف. إن لم ينصفك الناس فإن الله يحفظ لك أجراً عظيماً.. وإن بلغت درب العطاء، فأنت حبيب لكل عابر ورفيق لكل مسافر..

4- الزم الصمت حين تعربد الثرثرة من حولك. وإنما الصمت ينطق بسلطان..

5- لا ترمِ سهام الضغينة بوجه من أساء إليك بل افتح قلبك للصفح. وإنما الصفح للأحرار.

6- لا تجعل قلبك ينبض بغير المحبة. فالمحبة طريق الأبرار إلى السماء..

7- لا ترضَ بغير الطموح مركبة، ولا يغرنّك غزو السهول. ففي تسلق الجبال تكمن عظمة الصمود!

8- لا تحتفل بهزالة من ينتقد سيرك على درب النجاح. فكل هزيل ضعيف لا بدّ أن يتعثر على جانب الطريق..

9ـ انتصر للحق دائماً واعمل بما يمليه عليك الضمير.

10ـ لا تستسلم لغير الموت. ولا تحنِ الرأس لغير الوطن.. فإن قالوا في فعلك هذا إرهاباً، فيا مرحباً بالإرهاب!

إن استطعت أن ترسم خطوط البداية يا بنيّ، فاعلم.. أنك أنت من سينتصر في النهاية..

إلى صاحب الغبطة مع أطيب التمنيات..

سلمت هذه الرسالة باليد، إلى صاحب الغبطة البطريرك مار نصر الله بطرس صفير، خلال زيارة الأخير إلى كندا في إطار جولة على الجاليات اللبنانية في أميركا الشمالية خلال شهر آذار من العام 2001. وقد تم اللقاء مع صاحب الغبطة بتاريخ 21 آذار 2001 في فندق شيراتون سنتر - تورنتو، بحضور الصديقين السيد وليد الأعور ود. بشير أبو الحسن، حيث نوقشت الخيارات المتاحة للخروج من الأزمة السياسية التي عانى منها لبنان طويلاً والسبل المتاحة لبلوغ الوفاق الوطني وعودة اللحمة بين اللبنانيين.

2001/03/21

صاحب الغبطة
تحية وطنية صادقة وبعد..

نتطلع إليكم اليوم بإعجاب وترقب كبيرين وأنتم تجوبون البلاد الأميركية لتفقد الرعيّة ولقاء المنتشرين فيها من اللبنانيين الذين هاجروا إلى ما وراء البحار بحثاً عن وطن جديد وعيش رغيد بعد أن ضاقت بهم أرض الوطن واستحارت بطريقهم المحن..
نتطلع إليكم بإعجاب وترقب كبيرين وأنتم تقفون أمام اللبنانيين، على مختلف طوائفهم ومذاهبهم، بمواعظكم الحكيمة، لشرح المسألة اللبنانية التي تتفاقم يوماً بعد يوم وحثهم على الوقوف صفاً واحداً

بوجه التحديات الكبيرة التي تعصف بلبنان، في انتفاضة للضمائر وتعالٍ عن الصغائر.. نستمع إليكم ونصغي بنشوة حالمة ونتوسّم الخير الآتي إلينا من البعيد رغم انحسار الآمال في نفوسنا، ونرى في خطوتكم المباركة ولادة لمشروع وطني كبير يعيد اللحمة بين أبناء الوطن الواحد إذا ما توافرت له الظروف الملائمة. ونتساءل بلهفة طالب المعرفة التوّاق إلى المزيد..

هل يمكن للبنان أن ينهض من كبوته ويستعيد أمنه واستقراره ودوره بدون وحدة أبنائه؟
وهل يمكن قيام هذه الوحدة بدون العدل والمساواة وتثبيت قواعد الحرية والديمقراطية؟
وهل يمكن تحقيق العدل والمساواة في ظل النظام السياسي اللبناني القائم على التركيبة الطائفية، وقد ثبت فشله، والذي يشكل السبب الرئيسي لتدهور لبنان وتفكك وحدة أبنائه على مر العصور..
فمشكلة الطائفية في لبنان ليست بالأمر الجديد وتعود إلى أكثر من خمسمائة سنة إذ تتصل جذورها بفترة قيام الدولة العثمانية وهيمنتها على كامل المشرق العربي مروراً بالانتدابين البريطاني والفرنسي ودولة الاستقلال. وكان المستعمر، في كل عهد، يستخدم ذات الوسيلة في تحريك العصبيات الطائفية وإثارة الأحقاد الدفينة بين الطوائف لإحكام السيطرة على البلاد. ومثله فعل الحكم الاقطاعي الذي أوجده المستعمر حيث حصلت فئة قليلة، من مختلف الطوائف، على امتيازات كبيرة على حساب الغالبية العظمى من اللبنانيين.
وقامت دولة لبنان الكبير يحكمها الاقطاع وأصبحت هذه الدولة فيما بعد جمهورية.

يقول المؤرخ يوسف ابراهيم يزبك: "وهذه الجمهورية هي ذات الجمهورية التي جعلها الميثاق الوطني دولة الاستقلال، ولم تكن في الواقع إلا امتداداً للحكم الاقطاعي فالحكم الاستعماري".

وهكذا ظلّ لبنان، حتى أيامنا هذه، يحكمه الاقطاع الذي يشكل في النهاية الأداة المحلية للمستعمر. وليس الميثاق الوطني سوى "العقد الاجتماعي" الذي يخوّل رجال الاقطاع قسمة الغنائم وإحكام السيطرة على الامتيازات.

يقولون إن الحروب الطائفية في لبنان، على مر الأزمان، هي من صنع الأجنبي أو المستعمر.. ويقولون إن الحرب الأهلية التي دامت ما يزيد على العشرين عاماً هي حروب الآخرين على أرضنا..

فإن سلمنا جدلاً بهذا التوصيف، غير أن الحرب قد نفذت على أيدٍ محض لبنانية. فكيف نرضى بأن نكون الأداة الطيّعة المنفذة لإرادة الآخرين؟ إن قولاً كهذا هو أخطر بكثير مما لو اعترفنا صراحة بما اقترفت أيدينا بحق لبنان وتلَونا بعده فعل الندامة..

صاحب الغبطة..

لقد بات مؤكداً لجميع اللبنانيين أن الاستمرار والاستقرار غير ممكنين إلا بنسف التركيبة القديمة واستبدالها بما يتلاءم مع تطورات العصر والقواعد الثابتة المعترف بها دولياً لحقوق الانسان..

فالخطوة الأولى نحو الوحدة والاصلاح تبدأ من هنا.

ومن المؤكد أيضاً لجميع اللبنانيين أن لبنان لا يحكم إلا بالتوازن والمشاركة وأي إخلال بهذه المعادلة يعيدنا إلى نقطة الصفر. وهذا يعني التقهقر والرجوع إلى الوراء.

إن معركة تحرير لبنان التي أطلقتم شرارتها الأولى، لا تقل أهمية ودقة عن عملية تحرير النفس من شوائب الأنانية، والجهل والاستعلاء والاستخفاف. ومن هنا كان علينا أن نسير في عمليتين للتحرير متوازيتين: تحرير الانسان وتحرير الأرض والعملية الأولى هي ضرورية لتحقيق الثانية.

ففي تحرير الانسان وانطلاقاً بأن التعايش المسيحي المسلم أمر حتمي لا مفر منه يجب أن نتنبّه إلى النقاط الأساسية التالية:

أولاً: إطلاع المسيحيين على الدين الاسلامي لأنهم يجهلونه وإذا عرفوا عنه شيئاً فقد غابت عنهم أشياء. وكذلك إطلاع المسلمين على جوهر الدين المسيحي الداعي إلى المحبة والسلام. وهكذا بدلاً من أن يتساوى المسلمون والمسيحيون في جهل بعضهم بعضاً دينياً وتاريخياً، يتساوون في المعرفة والانفتاح واحترام البعض لمعتقد الآخر..

ثانياً: إعادة كتابة التاريخ اللبناني بعيداً عن السموم وإثارة الحساسيات الدينية والمناطقية والاقليمية وتعريف الأجيال الطالعة بتاريخ وإنتاج المتفوقين اللبنانيين، الذين أغنوا الحضارة الانسانية بعلومهم وفلسفاتهم واختراعاتهم واكتشافاتهم، لتكون حافزاً لهم على العطاء والإبداع.

ثالثاً: التخلي عن الطوائفية السياسية أو السياسة الطوائفية، وإطلاق الحريات الديمقراطية وإشاعة العدل والمساواة بين المواطنين واعتماد الكفاءات في الوظيفة العامة.

أما في تحرير الأرض، فقد تسهل العملية في ظل تربية وطنية واحدة تعزز الانتماء الوطني والوحدة بين اللبنانيين وتجعلهم يدركون المصير الواحد فلا يترددون في تلبية الواجب. وفي هذه العملية أيضاً نقاط أساسية لا بد من الاشارة إليها:

أولاً: التعاطي مع تطورات المنطقة بصفة الشريك المعني بالمستجدات الأمنية والاقتصادية والاجتماعية وخاصة أننا نواجه عدواً مشتركاً متربصاً بحقنا وأرضنا ولم تنته حربنا معه بعد.

ثانياً: استخدام الصبر والحكمة في القرارات المصيرية وعدم السماح بالحملات الكلامية والاعلامية الناتجة عن الانفعالات والتشنجات لأن مثل هذه الأساليب تفقدنا التوازن وتشجّع أبناءنا على الهجرة. فالتشجيع على هجرة المهارات الوطنية ورؤوس الأموال هو مساهمة مباشرة في تصفية الوطن.

ثالثاً: مواجهة العدو باستخدام شتى أنواع الأساليب المتاحة: كالإعلام السياسي والإعلام الدبلوماسي والمقاومة المسلحة التي هي حق تقرّه جميع الأعراف الدولية. وحدها الارادة الشعبية قادرة على تسيير الأساليب الثلاثة هذه لمواجهة العدو بخطوط متوازية.

سيدي الكريم..

هذا قليل من كثير يمكن إثارته اليوم في مستهل ورشة الترميم وإعادة إعمار الوطن. وما كنا لنرهق آذانكم بمثل هذه المطالب لو لم نلقَ فيكم الصدر الرحب والقلب الكبير..

نتمنى لغبطتكم الاقامة الطيبة بين أهلكم ونتمنى عليكم بعد عودتكم بالسلامة إلى لبنان أن تدعوا إلى مؤتمر وطني يشترك فيه الزعماء

الروحيون والزمنيون، على مختلف طوائفهم وانتماءاتهم السياسية (وإن تعذر اجتماعهم جميعاً فبمن حضر)، تتخذ فيه القرارات على أن تكون ملزمة للجميع، والخروج بتوصيات وطنية ممكنة التطبيق على أرض الواقع في إطار من المسؤولية والجدية والرغبة الكاملة في حفظ لبنان وطناً واحداً لجميع أبنائه..

وإذ نأمل أن يتكلل سعيكم بالتوفيق والنجاح.. اقبلوا منا أطيب التمنيات ودمتم ذخراً لنصرة لبنان.

خالد حميدان
رئيس مركز التراث العربي
تورنتو ـ كندا

➤

تقرير التنمية الإنسانية العربية..
خدمة للعرب أم لأعداء العرب؟

2003/11/12

في إطار برنامج الأمم المتحدة الإنمائي، نشر خلال شهر تشرين الأول المنصرم التقرير الثاني للتنمية الانسانية العربية، هذا التقرير الذي يعمل على وضعه نخبة من مثقفي العالم العربي على مراحل أربع بدءاً بالعام 2002 وانتهاء بالعام 2005 بتمويل وإشراف الأمم المتحدة. وأبرز ما يكشفه التقرير هو الحواجز الكثيرة في العالم العربي التي تحول دون عمليات التنمية الانسانية ويلخصها بثلاثة:
أولاً: التضييق على الحريات وأهمها حرية الفكر والتعبير.
ثانياً: عدم تطوير سبل المعرفة.
ثالثاً: حرمان المرأة من ممارسة حقوقها كاملة.
ويخلص التقرير إلى أن هناك هوة واسعة مطردة في المعرفة بين البلاد العربية وسائر دول العالم المتطور مما يستلزم عملاً جاداً وشاقاً لوضع التنمية الانسانية في مسارها الصحيح.

يقول الدكتور كلوفيس مقصود، البروفسور في جامعة واشنطن وهو أحد المشاركين في وضع التقرير: "إن هذا التقرير بما ينطوي عليه من معلومات واقتراحات هو محاولة جريئة في تجسير آليات الدولة

مع مؤسسات المجتمع المدني. وبمعنى آخر هو صرخة للحوار ومبادرة جادة لانفتاح متبادل بين صانعي الرأي وصانعي القرار".
ونورد فيما يلي بعض النتائج والاحصاءات التي وردت في التقرير وتكشف التخلف المأساوي في العالم العربي (من المحيط إلى الخليج).

- يولد التعليم والتحصيل الثقافي التبعية والطاعة على حساب الابداع الفكري.

- تحتوي الجامعات على عدد ضخم من الطلاب ونقص فادح في المختبرات والمكتبات.

- واحد من عشرين طالباً جامعياً يدرس العلوم بمقابل واحد من خمسة في كوريا الجنوبية.

- معدل حيازة الكمبيوتر في العالم العربي هو 18 لكل 1000 من السكان بينما المعدل في بقية أنحاء العالم يصل إلى 78 لكل 1000.

- 1.6% من السكان العرب يستخدم الانترنت بينما يستخدمه 79% من سكان الولايات المتحدة.

- رغم أن عدد العرب يفوق الـ 270 مليوناً في 22 دولة إلا أن الكتب الأكثر رواجاً لا تبيع أكثر من 5000 نسخة وأن الكمية المطبوعة من أي كتاب عادي تتراوح بين 1000 و3000 نسخة. والجدير بالملاحظة أن العرب يشكلون 5% من عدد سكان العالم، إلا أن المطبوعات العربية لا تتجاوز 1.1 من الكتب المطبوعة في العالم.

- إن معدل العالم العربي بالنسبة للصحف والمجلات هو 53 صحيفة لكل 1000 مواطن بينما يصل إلى 285 صحيفة لكل ألف في الدول الأكثر تطوراً.

يقول البيان الصحفي رقم (1) الصادر حول تقرير التنمية الانسانية العربية 2003 بحرفيته: "بعد الحادي عشر من سبتمبر 2001، قدمت الحرب على الارهاب مبرراً واهياً للسلطة في بعض البلدان العربية للغلو في كبح الحريات وربما كان هذا من أوخم العواقب. كذلك السياسات الأمنية والاجراءات الصارمة التي اتخذتها الولايات المتحدة خلال هذه الحملة للتضييق على الحريات وتبنتها عدة أقطار نامية من بينها بلدان عربية، قد خلقت أجواءً وأوضاعاً مناوئة للتنمية البشرية. وقد تبنت الدول العربية مجتمعة تعريفاً موسعاً للإرهاب على الصعيد العربي في "الميثاق العربي لمكافحة الارهاب". وقد انتقد هذا الميثاق في دوائر حقوق الانسان العربية والدولية باعتبار أن مثل هذا التعريف الموسع يفتح الباب لإساءة الاستخدام من قبيل السماح بالرقابة، وتقييد الوصول إلى الانترنت، وتقييد الطباعة والنشر لأية مادة قد تفسر على أنها "تشجع الإرهاب". كما أن هذا الميثاق لا يحرم صراحة الاحتجاز أو التعذيب ولا يتيح السبيل للاعتراض على قانونية الاعتقال. ويمضي التقرير إلى القول بأن "الحكومات العربية تتذرع باعتبارات الأمن والاستقرار وتتخذ منها مبرراً لتخوفها الدائم من أخطار الحرية".

وفي مكان آخر في البيان الصحفي رقم (9) يوصي تقرير التنمية الانسانية العربية "بإقامة مجال معرفي يجري فيه إنتاج المعرفة بمنأى عن الارغام السياسي مؤكداً بأن إنتاج المعرفة يتعرّض للاستغلال السياسي والتهميش. إن كثيراً من العرب الذين يعملون في مجال التدريس الجامعي أو في مؤسسات البحث يقعون فريسة للاستراتيجيات السياسية والصراعات على السلطة ذلك أن الولاء السياسي ما زال المعيار الرئيسي لإدارة هذه المؤسسات مما يلحق

الضرر بالكفاءة والمعرفة على حد سواء. لقد جهدت السلطات السياسية في المنطقة العربية في استدراج الأكاديميين والمفكرين واستيعابهم بقصد الانتفاع بما ينتجونه من أعمال لإضفاء الشرعية على النظام السياسي القائم.
ومن هنا فإن تقرير التنمية العربية 2003 يؤكد أن الانتقال الديمقراطي في الوطن العربي هو من المستلزمات الجوهرية لاستقلال المعرفة، مع التشديد على أن هذا الانتقال يتطلب تضافر الجهود بين القوى الاقتصادية والسياسية والثقافية في المجتمع".
هذا بعض من كثير مما تضمّنه تقرير التنمية الانسانية العربية الذي نشرته الأمم المتحدة بتاريخ 28 تشرين الأول 2003. ونذكر أن الدكتورة ريما خلف هنيدي، الأمين المساعد للأمم المتحدة والمدير الاقليمي لمكتب الدول العربية، وهي صاحبة المبادرة في إصدار هذا التقرير، قد قدّمت نسخة من التقرير إلى السيد عمرو موسى، أمين عام جامعة الدول العربية، ليصار إلى بلورة المطالب التي جاءت فيه (على حد قولها) والعمل ما أمكن على تحقيقها.
ولمداخلة هذا التقرير ومناقشته سنحتاج إلى مساحات كبيرة لا تتسع له مساحة هذا المقال. وسنكتفي بتسجيل بعض الملاحظات حول ما ورد في بيانات القيمين على هذه الدراسة ـ التقرير.
أولاً: من حيث المبدأ، فإنه من الضروري جداً القيام بدراسة من هذا النوع للوقوف على أهم الثغرات الكامنة في العالم العربي التي تحول دون تقدمه إلى مصاف الدول النامية.. لا بل معرفة الأسباب التي تشد به إلى التخلف والرجعية. أضف إلى ذلك أنه لا تكفي الاشارة إلى النقص والعلة دون تقديم الحلول الممكن تحقيقها على الأرض والناجعة لكل المعضلات.

ثانياً: يجب أن يتم مثل هذا العمل على صعيد جامعة الدول العربية وليس على صعيد الأمم المتحدة التي أصبحت اليوم أداة طيّعة بقبضة الأوصياء الطامعين بثروات العالم العربي والذين سيستخدمون التقرير ورقة رابحة لتبرير كل تدخل بالشؤون العربية، بوجه الرأي العام العالمي، مثل تبرير الحرب على العراق بقصد تحرير الشعب من براثن النظام وإشاعة الديمقراطية وإطلاق الحريات. وهذا "التحرير" يمكن أن يتكرر في سائر الدول العربية "لإشاعة الأمن والحرية والديمقراطية" طالما ان تقرير التنمية الانسانية العربية الذي صدر بإشراف الأدمغة العربية وبأقلام عربية يوصي بذلك ويؤكد على وقوف الأنظمة العربية بوجه التقدم والتنمية بمصادرتها للحريات ورقابتها على سائر النشاطات الفكرية والثقافية.

ثالثاً: تبدو التناقضات واضحة في التوصيات المقدمة في التقرير التي لا يمكن وصفها بالحلول الجذرية وإن كانت تصح تسميتها بالتمنيات المثالية، حيث يؤكد التقرير على ضرورة قيام مجال معرفي بمنأى عن السلطة السياسية ثم يقترح تضافر الجهود الاقتصادية والسياسية والثقافية لتحقيق الانتقال الديمقراطي في الوطن العربي. أي يعترف بضرورة التعاون مع السلطة السياسية ثم تقديم التقرير إلى جامعة الدول العربية للعمل بموجبه وكأن الجامعة، التي هي مرآة للأنظمة العربية، سلطة خارجة عن هذه الأنظمة أو أنه يمكنها فعل شيء يخالف إرادة تلك الأنظمة. وتقديرنا الشخصي أن هذه التوصيات المتناقضة أدرجت في التقرير بسرعة وارتجال لإتمام الحلقة الثانية من التقرير وتقديمها في الموعد المحدد لها.

رابعاً: إذا سلمنا جدلاً بما اقترحه الدكتور كلوفيس مقصود بأن هذا التقرير ينطوي على محاولة جريئة في تجسير آليات الدولة مع مؤسسات المجتمع المدني أي تبني الدول لمخزون الفكر الداعي إلى الانعتاق من حالة التهميش وإطلاق الحريات وإشاعة الديمقراطية والعدالة الاجتماعية والاقرار بحقوق الانسان، فهذا إقرار بوجوب التعاون مع السلطة السياسية. فهل يمكن ذلك وقد أكد التقرير على تضرر الأنظمة العربية من كل عمل إنمائي شعبي؟

قد يكون ذلك ممكناً في جمهورية أفلاطون "المدينة الفاضلة" ولكن ليس في مملكاتنا وإماراتنا وقصور رؤسائنا. وإن كان لأحدهم أن يمد الجسور الانمائية والانسانية مع شعبه فإنه سيثير غضب الوصي الجبار الذي ولاه علينا فيعمل هذا الأخير على اقتلاعه ووصمه بالإرهاب!

بقي أن نسأل: هل تقرير التنمية الإنسانية العربية هو خدمة للعرب أم لأعداء العرب؟

من دون جواب أو تعليق على السؤال، سأختم هذه المقالة باستعارة من كتاب "طبائع الاستبداد" لعبد الرحمن الكواكبي حيث يقول: "ألفنا أن نعتبر التصاغر أدباً، والتذلل لطفاً، وقبول الإهانة تواضعاً، والرضا بالظلم طاعةً، والإقدام تهوّراً، وحرية القول وقاحة، وحرية الفكر كفراً، وحب الوطن جنوناً. ترضون بأدنى المعيشة عجزاً تسمونه قناعة، وتهملون شؤونكم تهاوناً وتسمّونه توكلاً، تموّهون عن جهلكم الأسباب بقضاء الله، وتدفعون

لفهم ما نقرأ.. وليس لقراءة ما نفهم.!

نشرت هذه المداخلة في جريدة "الجالية" الصادرة في تورنتو ـ كندا بتاريخ الأول من آذار 2004 لمناسبة الذكرى المئوية الأولى لولادة أنطون سعادة، باعث النهضة القومية ومؤسس الحزب السوري القومي الاجتماعي.

الأول من آذار 2004

في الذكرى المئوية الأولى لباعث النهضة القومية الاجتماعية، تبدو أهمية العودة إلى فكر سعادة أكثر من أي وقت مضى بعد أن جُرّت الويلات على شعبنا وبلادنا في مطلع الألفية الثالثة، باستخدام آليات مستحدثة متطورة أخطر من سابقاتها ونقل خرائط مسح جديدة ترسم معالم انكفائنا وانهزامنا ما يهدد معها وجودنا وحدودنا على حد سواء.

وكما في الأول من آذار من كل سنة، لا شك وأنه تعقد الحلقات الاذاعية داخل الصفوف الحزبية، في الوطن والمغتربات، في محاولة تقييمية للعمل والممارسة الحزبيين مقارنة بما جاء في تعاليم سعادة. وغالباً ما تكون التوصيات، أياً كان التقييم، بالعودة إلى "الزعيم" لمواجهة التحديات والأزمات التي تعصف بمسيرة النهضة وإيجاد الحلول اللازمة لكل المعضلات القومية على امتداد الوطن.

والاشارة إلى الزعيم في هذا السياق، لم تعد تعني شخص أنطون سعادة وحسب وإنما كل ما يتصل به من فكر فلسفي ونظرة إلى الحياة والكون في إطار تعاليمه القومية الاجتماعية.

أما التوصية بالعودة إلى "سعادة" او "الزعيم"، يجب أن تعني وجوب الحذر وعدم الوقوع في أفخاخ المصطلحات اللغوية التي باتت اليوم تحمل أكثر من معنى في فوضى المفاهيم المستوردة، وبالتالي الحرص على فهم المدلول الذي تحمله الكلمة المستعملة بالقصد والمقدار الذي أرادهما صاحبها.

في استخدام كلمة "الزعيم"

ثمة من ينتقد كيف يلقب سعادة بالزعيم ويقبل القوميون الاجتماعيون بأن يكون الزعيم وحده صاحب السلطتين التشريعية والتنفيذية من غير أن يكون له نائب أو حتى مجلس استشاري. ويخلص هؤلاء إلى القول بأن هذا وإن دلّ على شيء فعلى فردية استبدادية وديكتاتورية في القرار والإجراء.. والحقيقة أن مثل هذا الادعاء ـ الافتراء هو بعيد عن الواقع لأن السلطة المطلقة للزعيم كانت "الضمان الوحيد لسلامة هذا الحزب في انطلاقته وهو الذي يمثل نهضة الأمة السورية" وقد بايعه القوميون عليها بقسم صريح. أضف إلى ذلك أن كلمة "زعيم" التي أطلقت على سعادة لم يقصد بها لقب الشرف والقيادة فحسب، كما يظن البعض، ذلك أن المصدر اللغوي لكلمة "زعيم" هو فعل "زعم" أي قال شيئاً لم يقله غيره. ويقال "أزعم فلان إليه" أي انقاد إليه وأطاعه.. لعل استعمال لقب "الزعيم" جاء تطبيقاً لهذه القاعدة اللغوية بما يتلاءم مع الحقيقة والواقع حيث

إن سعادة هو وحده من "زعم" بالتعاليم القومية الاجتماعية دون سواه، وجعل منها مبادئ الحزب الذي أسسه فيما بعد ليصبح زعيم الحزب السوري القومي الاجتماعي، هذا الحزب الذي يعتبر الآلية البشرية لحركة النهضة التي أطلقها سعادة بعد أن ثبتت له التعاليم السورية نتيجة البحث والتنقيب والدراسة. ومن البديهي ألا يكون له، في عملية الكشف هذه، نائب أو مجلس استشاري، فالزعامة هنا (في مدلولها اللغوي المشار إليه) هي صفة شخصية محضة تتعلق بفعل "الكشف" للتعاليم وليست رتبة إدارية يمكن الانابة فيها..

قد يعترض البعض على هذا الرأي ليقول: بل كان الأمين عبد الله قبرصي نائباً للزعيم في وقت من الأوقات، والأمر ثابت فيما أورده الأخير في مذكراته أو ذكرياته (كما يحب أن يسميها) "عبد الله قبرصي يتذكر"..

مما لا شك فيه، أن المذكرات قد تضمنت الرواية في عديد من فقراتها، كما أنها جاءت على لسان الأمين عبد الله في أكثر من مناسبة، وبحضور "الداعي" شخصياً في أكثر من مرة. وفيما يلي نموذج عنها ورد في كلمته في انطلياس يوم كرمته الحركة الثقافية بتاريخ 4 آذار 1991 حيث يقول: "في الحزب، كنت أنا أول عميد للإذاعة ثم أول نائب للزعيم، ولقد اشتركت مع سعادة في صياغة دستور الحزب، كما دخلت معه سجن الرمل على أثر انكشاف حزبنا بتاريخ 16 تشرين الأول 1935 ليلة عرسي، فتزوجت السجن عوضاً عن عروسي جورجيت بربر.." (تم زواجه بعد أسبوع في 24 تشرين الأول فور خروجه من السجن). وعن كيفية خروجه من السجن في ذلك اليوم بالذات، يورد عبد الله قبرصي نموذجاً آخر عن الرواية (المذكرات، الجزء الثالث ص. 227)، إذ يقول: "وخرجنا

من السجن بكفالة، وكنت أخفي تحت بطانة "الجاكت" مرسوم تعييني زعيماً بالوكالة. وكانت الأوامر.. إلخ".
لقد كان الأمين قبرصي محل انتقاد بعض الذين لم يرق لهم هذا التعيين مما اضطره إلى الرد في فقرة من المذكرات وبطريقة غير مباشرة، على المنتقدين والمشككين الذين تساءلوا كيف لم تحفظ نسخ من مرسوم التعيين في سجلات الحزب، خاصة أنه المرسوم الوحيد الذي صدر عن الزعيم بتعيين نائب له (على حد قوله)، فيقول قبرصي: "كانت النسخة الوحيدة من المرسوم بحوزة عروسي جورجيت وقد مزقتها وأتلفتها خوفاً من انتقام السلطة، إذا ما داهمت بيتنا وعثرت عليها، بعد اعتقالنا وإدخالنا إلى السجن ليلة السادس عشر من تشرين الأول"..
وعطفاً على هذا الاعتراض، لا أريد أن أذهب بعيداً في التعليق والتدقيق والاستنتاج، ولكنني سأشير إلى نقطتين رئيسيتين:

أولاً: لقد أورد الأمين عبد الله في كثير من فقرات المذكرات الاشارة إلى تعيينه نائباً للزعيم تارة وزعيماً بالوكالة تارة أخرى، وشتان بين التسميتين لأنه تتوافر صفة الديمومة في الأولى والصفة المؤقتة في الثانية. ويبقى الأمر غامضاً لعدم توافر نسخ من مرسوم هذا التعيين.

ثانياً: لن نتوقف عند الاشكالية التي وقعت حول مرسوم التعيين بحد ذاته، بل إننا نعتبر بأنه صدر مرسوم تعيين الأمين عبد الله نائباً للزعيم أو زعيماً بالوكالة.. لا فرق. فنحن لا نشكك أبداً بنزاهة الرجل ولا بسيرته النضالية الطويلة التي عشق فيها الحزب والعقيدة وقاسى متاعب السجن والنفي والتشرد من أجلهما.. بل نرى (خلافاً لما يعتقده كثيرون) بأن المقصود بهذا التعيين، أن ينوب عن الزعيم

بصفة هذا الأخير الادارية أو التراتبية وليس بصفته الشخصية الابداعية كمستنبط للتعاليم وباعث للنهضة القومية الاجتماعية حتى ولو شارك الزعيم في صياغة دستور الحزب. فصياغة الدستور عمل قانوني يدخل في الشكل وليس في مضمون الابتكار والابداع. إذن من البديهي، وقد أوضحنا الفرق، ألا يكون للزعيم نائب..

في التعاليم والمبادئ

أول ما يطالعك وأنت تقرأ سعادة في هذا الكتيب الصغير الحجم، الذي يسمّى بـ "كتاب المبادئ"، أنه جاء بعنوانين إثنين بالترتيب التالي: التعاليم السورية القومية الاجتماعية ـ مبادئ الحزب السوري القومي الاجتماعي. ويتضمن الكتاب المبادئ الأساسية والمبادئ الاصلاحية للحزب. أما وضع عنوانين لهذا الكتيب (التعاليم أولاً والمبادئ ثانياً) لم يكن من باب الصدفة. فقد أراد سعادة ان يثبت بأنه استنبط هذه التعاليم من واقع الأمة السورية بعد الدراسة والتنقيب بما يتلاءم مع نظرية "نشوء الأمم" التي وضعها في كتاب مستقل. ومن أجل تطبيق هذه التعاليم في دورة الحياة السورية، جعلها مبادئ حزبه فأصبحت بالتالي مبادئ الحزب السوري القومي الاجتماعي. وإنني إذ أشير إلى هذا الفارق بين التعاليم والمبادئ (وهي ذاتها في النهاية) فلتبيان القصد والتأكيد على ما أراده "الزعيم"، أي أن التعاليم القومية الاجتماعية هي ملازمة للأمة السورية قبل تأسيس الحزب وأن الحزب وُجد لخدمة هذه التعاليم ـ المبادئ التي تشكل العقيدة القومية الاجتماعية بخلاف ما هي عليه كثير من الأحزاب التقليدية القائمة التي تذهب بالتفتيش عن عقيدة تكون علة لوجودها واستمرارها على الساحة السياسية.

في الانسان ـ المجتمع

إن نظرة سعادة إلى الانسان تختلف كلياً عمّا سبقها من نظريات، فهي فتح فلسفي جديد يرفع موضوع الانسان من سفسطة الجزئيات إلى فلسفة الكليات. يقول سعادة "إن عقيدتنا تقول بحقيقة إنسانية كلية هي الحقيقة الاجتماعية. الانسان الحقيقي هو المجتمع لا الفرد. وإن الفرد هو مجرد إمكانية إنسانية". وهكذا فإن اعتبار الفرد إمكانية إنسانية، لا يسقط عنه الحقيقة الانسانية الكلية ولا يرمي به إلى العدم كما يريد أن يستنتج البعض، بل على العكس فإنه يرفع به من حدود فرديته إلى فضاء اجتماعي رحب منفتح على الكون.

في المجتمع والمجموع

المجتمع كما عرّفه سعادة في كتاب "نشوء الأمم" هو غير المجموع الذي يعني مجموعة عددية من الناس على أرض معينة ضمن زمن محدود. فالمجتمع هو وحدة الحياة (أي وحدة الانسان ـ المجتمع) المستمرة في بيئة جغرافية معينة تفاعلت عليها ومعها، فاكتسبت خصائص تميزها عمّ سواها. إذن المجتمع هو وحدة الحياة الانسانية الكلية الشاملة في استمرارها اللامتناهي وليس عقداً اجتماعياً أو كائناً حاصلاً برغبة الأفراد. إنه واقع حياتي لا إرادة لنا فيه، "فلا يختار الفرد مجتمعه كما أنه لا يختار أبويه" (سعادة، نشوء الأمم).

في "من نحن" وكانت بداية الصراع

"من نحن؟" كان أول سؤال يطرحه سعادة على نفسه بعد أن شاهد الويلات التي خلفتها الحرب العالمية الأولى على أرض بلاده. وتوصل إلى الجواب بعد دراسة طويلة معمقة "نحن سوريون" وكان

المبدأ الأساسي الأول للحزب الذي أسسه فيما بعد "سوريا للسوريين والسوريون أمة تامة". وفي هذه المرحلة من التاريخ كانت الأمراض متفشية في المجتمع السوري كالعبودية والاتكالية والاستسلام لمشيئة الغرب الفاعلة. فدق سعادة ناقوس الخطر مشدداً على ضرورة الوعي القومي ومواجهة الفساد والغزاة بقوة الصراع الحر مؤكداً على أن تسامي الحياة لا يتم إلا بحرية صراعها. هذا من ناحية، ومن ناحية أخرى فإن الاجابة على سؤال "من نحن" تبرز حدود الوطن وتحدد إطار الأمة في حقوقها وواجباتها وتكشف عن مكامن الحق والخير والجمال فيها.. إن الوعي القومي الذي كان يرمي إليه سعادة ليس ليتوقف عند كشف "من نحن" بل ليتعداه إلى كشف "من هو العدو" أيضاً بعد أن اختلطت الأوراق في طول البلاد وعرضها واندثرت المفاهيم في مهب الانقسامات والانحرافات..

في القومية الاجتماعية وجبهة العالم العربي

كثيراً ما يصادفنا في قراءاتنا لكتاب وصحافيين مشهورين استخدام كلمتي "قومية" و "وطنية" في غير محلهما، إذ يراد بـ "الوطنية" نسبة إلى الوطن ـ الكيان وبـ "القومية" نسبة إلى الوطن الأكبر (السوري لدى البعض والعربي لدى البعض الآخر). والحقيقة ـ وهذا أغلب الظن ـ أن هذه الألفاظ تستعمل عن جهل لمضمونها وتمشياً مع الموضة السائدة في الأبحاث والمعالجات السياسية غير الدقيقة. ويفسر هؤلاء مفهوم "القومية" بمنظار مختلف عن تفسير سعادة كمن يتحدث عن مبدأ القوميات وكأنه نظام سياسي أو عقد قانوني قائم بين دول مختلفة لكنها متجانسة في اللغة والدين، والتاريخ والعادات والتقاليد.

أما في مدرسة سعادة، فإن القومية الاجتماعية هي الادراك الذاتي للأمة أو التنبه النفسي لوحدة الحياة الفاعلة على واقع بيئي متمايز يسير بحركة النهضة نحو الأفضل. فالقومية ليست أداة تستخدمها الشعوب أو نظاماً يتفق على العمل بموجبه، وهي ليست اتفاقاً أو معاهدة بين أطراف. ومن المؤسف أن نجد في صفوف القوميين كتاباً معروفين كانت لهم محاولات في شروح العقيدة القومية الاجتماعية، يقولون ما حرفيته: "لو كان سعادة على قيد الحياة في أيامنا هذه، لعدّل كثيراً من فكره وتوسع مفهومه للقومية ليشمل العالم العربي بأسره".

قول سطحي وغير مبرر في آن معاً، وإن أطلقه أصحابه بقصد المجاملة لمجموعة سياسية أو دينية متنفذة. إلا أن السبب الحقيقي لمثل هذا الهذيان، بنظرنا على الأقل، هو عدم قراءتهم لما كتب سعادة أو عدم فهمهم لما يقرأون.. وهذا هو أغلب الظن! إن أسوأ ما يصاب به الفرد هو التعصب العاطفي السطحي للوهم (الديني غالباً). وأهم مظاهر هذا التعصب هو تسخير العلم لتدعيم هذا الوهم. قال سعادة بإقامة جبهة العالم العربي لتكون سداً منيعاً بوجه المطامع الاستعمارية. فهو يؤكد دون أدنى شك على وجود الروابط المميزة بين الأمة السورية وأمم العالم العربي لا بل المصالح المشتركة والتحديات المشتركة. ويخلص بنتيجة هذا إلى التأكيد على أن الوحدة القومية لا تتحقق إلا في الجسم الواحد بينما يقوم الاتحاد بين عدة أجسام مختلفة بسبب المصالح والأهداف المشتركة. ولم يجد مانعاً في أن يقوم اتحاد أو جبهة العالم العربي لدرء المخاطر المشتركة وتقوية النظام الاقتصادي في مواجهة

السوق الغربية التي تخطط اليوم لكي تصبح السوق الأحادية في عالم العولمة. إلا أن هذا لا يوجب برأي سعادة أن يحصل الإلغاء للشخصية القومية التي تشترك في الاتحاد أو الجبهة. والاتحاد الأوروبي اليوم هو خير دليل على ما قاله سعادة قبل سبعين عاماً. فبالرغم من قيام الاتحاد بين الدول الأوروبية وتوحيد النقد وأثمان السوق وإقامة المجلس الاتحادي، فلا تزال البلدان المكونة للاتحاد محافظة، كما في السابق، على هويتها الوطنية وشخصيتها القومية وتراثها الحضاري. وحتى المواقف السياسية لهذه الدول الأعضاء، قد تلتقي كما أنها قد تختلف، من غير أن تمس بهيكلية الاتحاد أو أن تصيب أعماله بالشلل.

لن أتوسع هنا في معالجة ظاهرة القومية العربية التي قامت في بعض بلدان العالم العربي وإن كنت سأشير إلى أن هناك توافقاً بين الدارسين والمفكرين على أن العالم العربي يتألف من مجتمعات عربية أربعة أو أمم عربية أربع: المشرق العربي، المغرب العربي، وادي النيل والصحراء العربية. وإن الكلام عن وحدة عربية أو المزايدة فيه لا يفيد بشيء وإن كنا من دعاة قيام الاتحاد العربي (على غرار الاتحاد الأوروبي) مع الاشارة إلى أن الوحدة غير الاتحاد. فالوحدة تقوم في المجتمع الواحد أي بين أعضاء الجسم الواحد، بينما يقوم الاتحاد أو الجامعة بين عدة مجتمعات ـ أي بين عدة أجسام ـ لأنها تشترك فيما بينها بقواسم ومصالح مشتركة، وهذه هي الحال بين أمم العالم العربي. وحتى في هذه الحال، لا يمكن للاتحاد أن يقوم إلا بشروط قانونية واضحة، شأنه شأن العقود القانونية الأخرى التي يلزم لقيامها توافر شروط ثلاثة:

1- أهلية التعاقد.

2- الإرادة الحرة للمتعاقدين.

3- مشروعية الموضوع المتعاقد عليه.

من المؤسف أن يجنح البعض إلى الادعاء بالقومية الكيانية (اللبنانية أو الفلسطينية أو الشامية.. إلخ..) تارةً وبالقومية العربية طوراً واعتبار العالم العربي كله أمة واحدة، من غير الرجوع إلى المبادئ والقواعد العلمية والتاريخية في تحديد الانتماء القومي. فقد تأثر هؤلاء، ولا شك، بالنزعات الدينية التي تعتبر الدين عنصراً أساسياً في نشوء الأمة بالإضافة إلى اللغة..

وإلى جانب هذا الانصراف عن الحقيقة القومية بسبب الدين أو الانسياق وراء الدعوات والعصبيات الطائفية، فإن هناك انحرافاً لدى البعض من نوع آخر، ينجم عن وهم "الاعتداد بالذات" (بما يتفق مع المصالح الشخصية أو العشائرية أو السياسية، إلخ..) بحيث يعمل هؤلاء في محاولة توفيقية سطحية، للإبقاء على فلسفة سعادة (حفاظاً على ماء الوجه)، ولكن بشروحات أو افتراضات مختلفة. ويؤكدون، كي لا يقال إنهم تخلوا عن فكر باعث النهضة القومية، أنه لو قدر لسعادة أن يكون حياً اليوم، لوافق على الأفكار التي يطرحون..

ومن هذه الأفكار ما جاء في محاضرة للصحافي الكبير غسان تويني، صاحب جريدة النهار اللبنانية، في هذه الذكرى المئوية الأولى لولادة سعادة، حيث قال: "ليس ما يمنع أن تخرج النهضة من الاستنقاع في مناقشة الهوية القومية لتتحرك في اتجاه اتحادي، قبل أن يداهمنا التبعثر التقسيمي في لبنان وسواه..". ثم يضيف: "وبتعبير أوضح، لماذا لا يقلب القوميون طاولة العلاقات اللبنانية ـ السورية الموصوفة زوراً بالممتازة، فيعملون على قيام اتحاد

اقتصادي بين الجمهوريتين.. وما دام ميثاق الجامعة العربية ينص على اتحاد اقتصادي شامل ندرسه منذ سنوات طوال واستحال تنفيذ أي شيء منه، فلماذا لا نفتح باب الاتحاد السوري ـ اللبناني فوراً أمام الأردن، ثم العراق بعد استقراره، فالدولة الفلسطينية عند إنشائها، وفي مرحلة لاحقة أمام الكويت". أما من ناحية المبادئ الاصلاحية، فاعتبر تويني أن "فصل الدين عن الدولة، هو المبدأ الإنقاذي الأمثل لبلادنا العربية بدءاً من لبنان ووصولاً إلى المغرب.. فهذا المبدأ قادر على علمنة الدولة بحيث تصبح معه الكفاءات، لا المحاصصة الطائفية والمحسوبيات، قواعد الادارة والتعليم والتنمية.."

وكأني بالأستاذ الكبير غسان تويني، عن قصد أو غير قصد، يدخل نفسه بالتناقضات الفكرية التي تدلّ بشكل واضح على أنه لم يكن يوماً مؤمناً بالعقيدة القومية الاجتماعية بالرغم من أنه كان من بين الأوائل الذين عملوا في صفوف الحزب.. هذا مع احترامي وتقديري لما هو عليه من مكانة مرموقة في عالم الكلمة والصحافة على امتداد عقود من الزمن..

أولاً: كيف يمكن له أن يتصوّر أن تتحرك النهضة القومية في اتجاه اتحادي إذا كانت جاهلة لحقيقة هويتها وانتمائها الوجودي، وبمعنى آخر إذا كانت تدور في الفراغ.. وإذا كان هناك تخوف من التبعثر التقسيمي كما يذكر، فإن حركة النهضة لن تفعل شيئاً في دائرة الفراغ، فضلاً عن أن التبعثر التقسيمي حاصل منذ الحرب العالمية الأولى.. هلا سألنا أنفسنا عن آثار التقسيم التي أحدثتها اتفاقية "سايكس ـ بيكو"...؟

ثانياً: كيف يريد الأستاذ تويني أن يقلب القوميون طاولة العلاقات اللبنانية ـ السورية لاستبدالها باتحاد اقتصادي بين البلدين.. ثم فتح باب الاتحاد أمام الكيانات المجاورة؟ وكأنه يقول للقوميين: إن لم يكن ما تريدون فأردوا ما يكون أو اقبلوا بالاتحاد إن كنتم لا تستطيعون الوحدة (أي القبول بالأمر الواقع). لا بأس.. ولكن هل للقوميين رأي في هذا؟ وإذا حصل، فالقوميون الاجتماعيون (الذين يفهمون ما يقرأون) على غير ما يظن تويني، سيعملون على بلورة دورة الحياة الواحدة داخل المجتمع الواحد، هذا المجتمع الذي لا يمكن أن يتحقق بغير الوحدة، ولن يقيم القوميون إرضاءً للأستاذ تويني، أي نوع من أنواع الزيف والتضليل..

ثالثاً: يعزز غسان تويني طرحه بميثاق الجامعة العربية الذي ينص على أن يقوم اتحاد اقتصادي شامل بين الدول العربية. ويرى في هذا النص دعماً لفكرة قيام الاتحاد الذي يدعو إليه خاصة أنه "استحال" تنفيذ أي شيء من ميثاق الجامعة حتى اليوم.. باختصار نقول إنه لو كانت الغاية من قيام الجامعة العربية ترمي إلى تحقيق اتحاد الدول العربية وتأمين مصالحها الاقتصادية، لما تم تأسيسها أصلاً، ذلك أنها قامت بوصاية بريطانية وتعمل منذ نشأتها تحت المراقبة. وبالتالي، فإن استحال تنفيذ أي شيء في السابق، كما تذكر المحاضرة، فليس ما يبشر اليوم بزوال الاستحالة..

رابعاً: التركيز على المبدأ الاصلاحي القائل بـ "فصل الدين عن الدولة" واعتباره المبدأ الإنقاذي الأمثل، هو ولا شك اعتبار وجيه من حيث المبدأ. غير أن انتظار رواجه وتطبيقه في الكيانات (كما ورد في محاضرة تويني)، تجعله في غير محله الطبيعي ـ أي غير قابل للتطبيق، ذلك أن الهدف الأساسي من التقسيم كان لتسهيل

السيطرة الأجنبية على سائر الكيانات التي خرجت بالتقسيم وقد استعان المستعمر بأمراء الطوائف المحليين للسيطرة على هذه الكيانات. ومن الطبيعي في هذه الحالة، أن تقوم الأنظمة على أساس الدين وأن تنشط الحركات الطائفية بتغذية من المستعمر ليكون هذا الأخير ممسكاً بفتيل الفتنة كلما دعت الحاجة. وهل يعقل في مثل هذه الأجواء أن يُطالب القوميون بفصل الدين عن الدولة بمعزل عن المطالبة بالوحدة الطبيعية للكيانات المقسمة واسترجاع الحقوق القومية التي اغتصبها أعداء الأمة نتيجة التقسيم والتفتيت والبعثرة.. وهل يمكن عملياً، لو طالب القوميون، أن يتم فصل الدين عن الدولة في ظل الأنظمة الطائفية القائمة التي تغذيها وتحميها قوى الاستعمار؟

خامساً: يقول تويني في ختام محاضرته: "لا يكون إرث سعادة حياً ومتطوراً إذا اكتفى الورثة بالحفاظ على الجوهر الأصيل، ولم يبرمجوا نهضويتهم لتنسجم مع وقع التاريخ المقبل". وهو يقصد ألا يتعلق القوميون بعبادة الماضي "الوثنية" بل الانتقال إلى تطوير "فكر سعادة" تمشياً مع حركة التطور والتاريخ..

تبدو دعوة الاستاذ تويني لأول وهلة جديرة بالاهتمام والدرس الجدي لاستخلاص المعنى الحقيقي لـ "حركة التطور والتاريخ". ولكن، على ضوء ما تقدم من أسباب موضوعية، سرعان ما يثبت لك عدم الجدوى من هذا الطرح غير الموضوعي الذي يقوم على السطحية والارتجال والتحريض على القبول بالأمر الواقع.. لذلك نؤكد بكامل الثقة والاقتناع والمسؤولية، ومن غير أن نكون في الصفوف الحزبية، بان القوميين يميلون إلى التجديد والتطوير أكثر من أية مجموعة عقائدية أخرى، بدليل الاختراق المتطور والمتقدم الذي

أحدثه سعادة في صلب الأجواء التقليدية التي كانت سائدة في عصره. إلا أنهم لا يميلون إلى الانحراف أو التخلي عن الثوابت العقائدية التي يقوم عليها هذا الفكر لئلا يقعوا، كما حصل مع الأستاذ غسان تويني وكثيرين غيره من مدعي التجديد أو التطوير في العقيدة، في تناقضات الادعاءات والتفسيرات الآنية والكيفية، فيتجهوا إلى أفخاخ البلبلة والضياع وفقدان الذاكرة القومية..

هذه النقاط وكثير غيرها بحاجة إلى الشرح والتفسير.. اليوم وفي الذكرى المئوية الأولى لولادة أنطون سعادة، وبعد أن تفشت في مجتمعنا وعالمنا العربي الفوضى الفكرية وبلبلة المفاهيم وكان من جرائها ارتهان الأنظمة الوطنية للغريب الطامع في حقنا ووجودنا، نرى أنه من الضروري أن يعمل القيمون على نشر فكر سعادة، في دعوة مجرّدة، إلى بلورة المفاهيم انطلاقاً من التحديد العلمي الدقيق للمصطلحات اللغوية المستخدمة في مؤلفاته، لفهم ما فاتنا من فكره قبل أن تستفحل فينا الفراغات الفكرية التي ستجرنا دون أدنى شك إلى خسارة الانسان والوطن. فالعودة إلى سعادة تبدأ من هنا.. لفهم ما نقرأ وليس لقراءة ما نفهم...!

➤

"سايكس بيكو"
المؤامرة المستمرة!!

ألقيت هذه المداخلة بتاريخ 25 تشرين الثاني 2005 لمناسبة الذكرى الرابعة والسبعين لتأسيس الحزب السوري القومي الاجتماعي بدعوة من نادي النهضة الثقافي الاجتماعي في تورنتو ـ كنـــدا.

16 تشرين الثاني 2005

يسعدني، لا بل يشرفني أن أكون واحداً من المشاركين في هذه الندوة لمناسبة الذكرى الرابعة والسبعين لتأسيس الحزب السوري القومي الاجتماعي، هذا الحدث الذي نفض الغبار عن واقع الحياة ليعلن عن نظام جديد قائم على المعرفة التي هي في الواقع صلب العقيدة القومية الاجتماعية وعن حركة النهضة في سعيها الدائم للخروج من التخبط والغموض وبلبلة المفاهيم إلى رؤية جلية ومفهوم واضح يعبّر بإرادة صادقة عن حقيقة الأمة وشخصيتها القومية. ولعل

السادس عشر من تشرين الثاني عام 1932 كان الحد التاريخي الذي فصل ما بين "العهد القديم" الذي عاشت فيه عوامل الفردية والتبعية والطائفية، و"العهد الجديد" الذي حمل في طياته آمال الانعتاق والاستقلال والسيادة، والارتقاء بالمفهوم الانساني من الانسان الفرد إلى الانسان المجتمع، بفضل التعاليم القومية الاجتماعية وما تضمنته من مناقب وأهداف سامية.

منذ أيام وبينما كنت جالساً مع صديق نتناول المستجدات الأمنية والسياسية على ساحة الوطن، تطرقت بالحديث إلى مسيرة الزعيم أنطون سعادة مؤسس الحزب وباعث النهضة القومية الاجتماعية وإلى ما ناله الزعيم من غدر الأنظمة القبلية والطائفية المرتهنة للإرادات الأجنبية، التي كانت ولا تزال سائدة في بلادنا، حيث قدم دمه ثمناً من أجل قضية آمن بها، بكل شجاعة وقبول وبطولة مؤيدة بصحة العقيدة وهو القائل: "نحن أمة تحب الحياة لأنها تحب الحرية، وتحب الموت متى كان الموت طريقاً للحياة".. فنظرت إلى الصديق فإذا به يغمض عينيه مفكراً ومتأملاً ليسأل قائلاً: سأطرح عليك سؤالاً وليس بالضرورة أن تجيب عليه الآن. فقلت ما هو؟ قال: يا ترى.. ظاهرة أنطون سعادة والعصر الذي جاء فيه.. هل كان هناك دور يبحث عن بطل أم أنه كان هناك بطل يبحث عن دور؟؟ وعندما هممت بالإجابة قال على الفور: لا لا داع للإجابة الآن.. دعنا نترك الموضوع إلى جلسة أخرى..

وتشاء الصدف أن تكون "الجلسة الأخرى" التي ألتقي فيها الصديق الأستاذ إيلي البوري هي اليوم وهنا بالذات.. فاسمحوا لي أن أرحب

بالصديق العزيز كما وإنني أرحب بجميع الأصدقاء، وعلني أوفق بالإجابة على تساؤله..

عاش سعادة طفولته في زمن تزاحمت فيه الأحداث والكوارث على البلاد السورية (وهي البلاد التي تعرف تاريخياً بالهلال الخصيب) نتيجة تسابق المستعمرين إليها حتى كانت الحرب العالمية الأولى حيث انطلقت المعارك الأولى نحو التحرر والاستقلال في ظل هيجان شعبي وتململ اجتماعي غير منظمين في طول البلاد وعرضها.

وقد جاءت حركة التحرر هذه بالرغم مما كان يشوبها من أخطاء، لتوقظ الشعوب التي كانت رازحة تحت النير العثماني، من السبات العميق الذي دام قروناً طويلة لم يعرف خلالها سوى الاستسلام والخضوع لمشيئة الباب العالي. إلا أن بريطانيا، التي كانت تحضّر إلى جانب الحلفاء لطرد العثمانيين من سورية وإحكام السيطرة عليها، وجدت في استخدام الثوار الرافضين الأداة المناسبة لعمليتها وأجرت الاتصال بالشريف الحسين أمير الحجاز، وقد رأت فيه الشخصية العربية المناسبة للقيام بهذا الدور، لما كان لديه من تأثير قيادي وديني في ذلك الوقت. غير أن اعتماد الانكليز لم يكن بالواقع على شخصية الحسين بقدر ما كان على دهائهم وغدرهم والتنكيل بوعودهم. ونموذج الدهاء الذي استخدموه في المفاوضات مع الحسين، وقد عرفوا نقطة الضعف لديه، هو التشريف والتبجيل والترفيع بشخصه حتى المبالغة. ومثال ذلك ما جاء في مقدمة رسالة مؤرخة في 30 آب (أغسطس) 1915 من "مكماهون" المندوب السامي البريطاني إلى الشريف الحسين حيث يقول:

"إلى الحسيب النسيب، سلالة الأشراف وتاج الفخار، فرع الشجرة المحمدية والدوحة القرشية الأحمدية، صاحب المقام الرفيع والمكانة السامية، السيد ابن السيد والشريف ابن الشريف، السيد الجليل المبجل، دولة الشريف حسين باشا سيد الجميع، أمير مكة المكرمة قبلة العالمين ومحط رجال المؤمنين الطائفين، عمت بركته الناس أجمعين أما بعد.."

كل هذا التبجيل والتبخير، بل قل "التدجيل"، جاء في المقدمة قبل الدخول بصلب موضوع الرسالة.. لم يكن الانكليز بالطبع ليتوقفوا عند الشكل وجل ما كانوا يرمون إليه هو استخدام الحيلة أياً كان السبيل إليها للفوز بثقة الحسين حتى ينصاع في مراحل لاحقة إلى أوامرهم وينفذ الخطط التي يرسمونها له برجاله وعتاده. حتى أنهم كانوا يعرفون تمام المعرفة أن لا قدرة للحسين على القيام بالثورة لأن ليس لديه من المقاتلين سوى العنصر البدوي والبدو بطبيعة حياتهم ونشأتهم غير قابلين للقتال. ولكن البريطانيين راهنوا على التحاق بعض الضباط من بلاد الشام والرافدين المتعطشين للثورة والاستقلال، وهؤلاء يكنون للحسين الطاعة والتقدير.. وعن طبائع البدو يقول صبحي العمري في مذكراته وهو ضابط دمشقي من بلاد الشام اشترك في ثورة الحسين: "يعتمد القتال النظامي على الممارسة والضبط المؤسس على الطاعة ووحدة العمل والتنظيم وهو الأمر الذي لا يتلاءم مع طبع البدوي وطراز حياته". ويتابع في مكان آخر: "لا أقصد بهذا أن أقلل من قيمة البدو وشجاعتهم وقد عاشرتهم مدة غير قصيرة ولذلك فإن ذكرت عنهم شيئاً إنما أذكره عن علم ومعرفة لا عن نقل أو استنتاج".

نشير هنا إلى أن العنصر الأساسي في ثورة الحسين كان وجود الضباط والجنود العراقيين والشاميين الذين أضفوا عليها الشكل العسكري النظامي وجعلوها تقف بوجه الجيش التركي موقف الند المتفوق بمعنوياته وإمكاناته.. ونذكر منهم من دمشق: محمود الهندي، خيري القباني وصبحي العمري، ومن بيروت: سعيد عمون، إميل الخوري والشيخ فريد الخازن، ومن نابلس: راغب الرشاش، ومن القدس محمد العسلي وخليل السكاكيني، ومن بغداد: نوري السعيد وبهجت الكروي، ومن طرابلس ـ الشام (كما كانت تسمى): سمير الرافعي.. وكثيرين غيرهم.

لقد كان هم جميع الذين شاركوا في المعارك الأولى من الثورة، التخلص من النير العثماني من غير أن تكون لديهم رؤية واضحة للمستقبل أو استراتيجية دفاعية للحفاظ على الاستقلال الوطني إذا ما تحقق النصر على الأعداء. وقد فاتهم ما كانت تدبر من ورائهم دول الحلفاء لإحكام السيطرة على البلاد واستغلال مواردها الطبيعية بعد تقسيمها إلى مناطق نفوذ. وقد تجلت المؤامرة يوم أعلن عن اتفاقية سايكس ـ بيكو التي تقضي بتجزئة منطقة الهلال الخصيب إلى كيانات مختلفة تتقاسمها كل من فرنسا وبريطانيا بمباركة روسية عملاً بالمعاهدة التي وقعها الحلفاء الثلاثة في "سانت بترسبورغ" قبل شهرين من الاتفاقية والتي بينت فيها مناطق نفوذ روسيا على الأراضي المتاخمة لحدودها.. فبالرغم من توقيع هذه المعاهدة بين الحلفاء الثلاثة في الرابع من آذار 1916 غير أن الحكومة البلشفية لم تنشرها إلا في الواحد والعشرين من شباط 1918.

وفي نص المعاهدة الآنفة الذكر والمتعلقة بتقسيم سوريا وتوزيعها إلى مناطق نفوذ بريطانية ـ فرنسية، ورد فيما يخص فلسطين

وأماكنها المقدسة بأن تكون خارجة عن السلطة التركية على أن توضع تحت إدارة خاصة بإشراف بريطاني وفقاً لاتفاق يعقد بين الحلفاء الثلاثة بهذا الشأن. كما ورد في أن يكون ميناء الإسكندرون دولياً بإشراف فرنسي مع إعلان حريته. وهذا التحفظ بالأراضي المقدسة في فلسطين كان تمهيداً مقصوداً من بريطانيا للحصول عليها في مرحلة لاحقة ومنحها لليهود لإقامة وطن عنصري مكافأة لهم على تعاون اليهودية العالمية معها في الحرب. وقد حصل اليهود بالفعل على ما سمي بوعد بلفور الشهير في الثاني من تشرين الثاني عام 1917، وهو عبارة عن رسالة من وزير الخارجية البريطانية آرثر بلفور إلى اللورد روتشيلد أحد زعماء الحركة الصهيونية آنذاك.

وقد جاء في الرسالة: "إن حكومة صاحب الجلالة تنظر بعين العطف إلى تأسيس وطن قومي للشعب اليهودي في فلسطين، على أن يفهم جلياً أنه لن يؤتى بعمل من شأنه أن ينتقص من الحقوق المدنية والدينية التي تتمتع بها الطوائف غير اليهودية المقيمة في فلسطين ولا الحقوق أو الوضع السياسي الذي يتمتع به اليهود في البلدان الأخرى.
الرجاء إحاطة الاتحاد الصهيوني علماً بهذا التصريح.. المخلص آرثر بلفور."
يبدو الخبث واضحاً في نص الرسالة حيث أوصى بلفور اليهود بعدم التعرض لحقوق أهل فلسطين المدنية أو الدينية في الوقت الذي يصدر فيه الوعد المشؤوم ويسمح لنفسه التصرف بمال ليس ماله وبحقوق وحريات مصادرة من أصحابها.

ففي هذه الأجواء الملبدة التي خيمت على منطقة المشرق العربي وجلبت الويلات على الشعب، تمكنت فرنسا وبريطانيا من انتزاع الحقوق الوطنية من أيدي أصحابها، وعاث الفساد طول البلاد وعرضها وعمل المستعمر على إزكاء الأحقاد والنعرات الطائفية والمذهبية حتى نجح في إقامة الشرخ بين فئات الشعب الواحد بعد أن وضعت الحرب أوزارها مما أدى بها إلى القبول بفكرة التقسيم وإنشاء الكيانات التي رسمتها اتفاقية سايكس - بيكو بالرغم من الثورات الوطنية الكثيرة التي قامت فيما بعد ضد الانتدابين الفرنسي والبريطاني وطالبت باستقلال سورية الطبيعية. وليس بالخافي على أحد أن الاتفاقية هذه ما كانت لتتحقق لولا الدور السلبي والرجعي الذي لعبه الاقطاع ومؤسسات الطائفية السياسية في الانصياع للإرادة الغربية وتنفيذ سياساتها على حساب حقوق ومصالح الشعب. وقد حصل هؤلاء على وعد من الانتداب بحماية نفوذهم وسلطانهم.. وهكذا، بنتيجة فقدان النهضة الواعية وفكرة السيادة القومية، نجح الأتراك في الاستيلاء على كيليكيا الواقعة في الجزء الشمالي من سورية وتضم ألوية الإسكندرون وأنطاكية وأضنه ومرسين، بتسوية حبية مع الفرنسيين (أو بالتواطؤ معهم) الذين كانوا يقاومون هناك فلول الجيش التركي المتراجعة، تماماً كما نجح اليهود، تنفيذاً لوعد بلفور، في الاستيلاء على فلسطين بالتواطؤ مع البريطانيين.

منذ نهاية الحرب العالمية الأولى، وبالرغم من صغر سنه، بدأ سعادة بالبحث عن حل للمعضلة المزمنة التي يعاني منها شعبه وعن جواب لسؤال أساسي كان يختلط على الكثيرين "من نحن"؟ وكان أن غادر البلاد في أوائل سنة 1920 ليلتحق بمقر والده في البرازيل الدكتور خليل سعادة ولم يعد إلى الوطن إلا عام 1930. عشر سنوات في

الاغتراب قضاها سعادة في التفتيش عن الحقيقة في دروس اجتماعية واقتصادية وسياسية حتى توصل إلى تعيين الأمة السورية واستنباط التعاليم القومية الاجتماعية من واقعها المحسوس وقد وجد ضالته المنشودة مؤكداً: "إن فقدان السيادة القومية هو السبب الأول فيما حل بأمتي وما يحل بها". وفور عودته إلى الوطن أخذ بالتحضير لإطلاق النهضة القومية الاجتماعية القائمة على العلم والمعرفة فأسس الحزب على أساس العقيدة الواضحة وهي أن "سورية للسوريين والسوريون أمة تامة". وكل ما استتبع ذلك من عناوين كالحرية والواجب والنظام والقوة، كان لخدمة المبدأ الأساسي بالإضافة إلى المبادئ الاصلاحية وأبرزها فصل الدين عن الدولة وإلغاء الاقطاع وتوزيع الاقتصاد القومي على أساس الانتاج والسعي لإقامة جبهة عربية لمواجهة المطامع الأجنبية.

من الواضح أن سعادة لم يؤسس حزباً سياسياً وراح يفتش له عن مبادئ كما هو الحال بالنسبة لغيره من الأحزاب السياسية. وإنما تراءت له التعاليم السورية في دراساته العلمية فاستنبطها وآمن بها ثم أسس الحزب وجعل من هذه التعاليم ذاتها مبادئ له. وبالنسبة لسعادة فإن التعاليم السورية القومية الاجتماعية التي كانت إلى حد بعيد غائبة عن أذهان أهلها، تساوي الحقيقة عملاً بالمعادلة الفلسفية التي تقول: الحقيقة وجود ومعرفة. ويعني ذلك أنه لا يمكن لأي وجود أن يعلن عن ذاته إلا بالكشف والمعرفة. وتطبيقاً، فإن التعاليم هي الوجود (أي موجودة) والكشف عنها واستنباطها هو المعرفة وهكذا تكون اكتملت الحقيقة باكتمال عنصريها. وبالتالي يمكن القول بأن حزب سعادة ليس حزباً سياسياً كغيره من الأحزاب وإنما هو

حزب حقوقي نهضوي. وفي هذا المجال يقول سعادة في رسالة من سجنه عام 1935: "لم يتأسس الحزب لمجرد محاربة الانتداب القائم حتى إذا ما زال الانتداب زال الحزب، وإنما من أجل حقيقة ثابتة مستمرة. إنها قضية حياة المجتمع واستمرارها نحو الأفضل والأجمل".

وبعد عودة الزعيم إلى الوطن من اغترابه القسري في العام 1947 فوجىء بالانتشار الواسع للحركة القومية الاجتماعية على امتداد الوطن غير أنه لم يكن راضياً عنه لأنه كان بغالبيته مجرد انتشار أفقي سطحي، إذا ما استمر على هذا النحو سيعرض الحركة إلى الميعان والتفسخ. فأسرع إلى إعادة تنظيم الندوة الثقافية في الجامعة الأميركية في بيروت حيث ألقى "المحاضرات العشر" المشهورة خلال النصف الأول من عام 1948 التي تناولت مجدداً تعاليم النهضة القومية الاجتماعية من ألفها إلى يائها مشدداً على فهم العقيدة وإدراك أبعادها. يقول سعادة: "وكي لا نعود القهقرى يجب أن نكون مجتمعاً واعياً مدركاً، وهذا لا يتم إلا بالدرس المنظم والوعي الصحيح. فالمعرفة والفهم هما الضرورة الأساسية الأولى للعمل الذي نسعى إليه".

واجهت النهضة القومية الاجتماعية منذ قيامها كثيراً من العقبات والاتهامات وكان على سعادة أن يحارب على عدة جبهات:
- واجه المشككين القائلين بأن نظام الحزب يشبه الأنظمة الديكتاتورية في الغرب. فصرح بهذا الصدد قائلا: "إن نظام الحزب السوري القومي الاجتماعي ليس نظاماً هتلرياً ولا نظاماً فاشياً، بل

هو نظام قومي اجتماعي بحت، لا يقوم على التقليد وإنما على الابتكار الأصلي الذي هو من مزايا شعبنا".

- قاوم سعادة كذلك فكرة الاستسلام والاعتماد على الارادات الخارجية في تحديد مصير الأمة وعمل بالخطب والتوجيه مطالباً بوحدة الأمة وسيادتها على نفسها وأرضها. وكان ذلك في 16 تشرين الثاني عام 1935 أي بعد ثلاث سنوات على التأسيس وكان الحزب لا يزال سرياً بسبب سيطرة الانتداب الفرنسي على لبنان والشام. ومن الطبيعي ألا يروق للفرنسيين مثل هذا الكلام الداعي إلى الوحدة وهم في سعي دائم لتفتيت الوطن ومصادرة قراره. فافتضح أمر سعادة وأدخل السجن لمدة ستة أشهر كانت مناسبة ليؤلف خلالها كتاب "نشوء الأمم".

- حارب سعادة اتفاقية سايكس بيكو وحذر من وعد بلفور ومن الويلات التي ستحل بالبلاد من جرائهما وكانت قد تمت تجزئة الوطن إلى كيانات وبالتالي تجزئة قضيته القومية إلى قضايا متعددة. وفي هذه المرحلة ساهمت الدول الغازية لتأسيس ما عرف بعصبة الأمم المتحدة التي تحولت فيما بعد إلى هيئة الأمم المتحدة واعترفت باستقلال هذه الدويلات ووضعت بينها بالإضافة إلى الحدود الجغرافية، حدوداً قانونية دولية بشكل يضمن عدم تدخل الواحدة بالأخرى، فقطعوا بذلك الطريق على المطالبين بالوحدة والسيادة القومية. وهكذا تم للاستعمار ما أراده فأصبحت القضية الفلسطينية مسألة الشعب الفلسطيني وقضية جنوب لبنان مسألة الشعب اللبناني وقضية كليكيا والجولان مسألة الشعب السوري والمسألة العراقية قضية الشعب العراقي.

لكن على الرغم من تقسيم سورية الطبيعية إلى كيانات تسهل معها السيطرة على مواردها وخيراتها، إلا أن أميركا وهي التي تتزعم اليوم دول الغرب وحليفتها إسرائيل التي قامت تنفيذاً لوعد بلفور، تعملان على اتفاقية "سايكس بيكو" جديدة لشرذمة المنطقة مرة ثانية، وكأن الاتفاقية الأولى لم تعط النتائج المتوخاة لما يقوم به المقاومون الشرفاء من سائر المناطق بوجه الاحتلالين الأميركي والصهيوني من أجل تعطيل المؤامرة الجديدة.. ومن الواضح عندما نتكلم عن المقاومة نعني المقاومة الوطنية وليس عناصر الارهاب الذين لا ينتمون إلى وطن أو دين.

ـ كان على سعادة أيضاً أن يواجه الاتهامات التي وجهت إلى الحزب بأنه تخلى عن القضية العربية حيث رد قائلاً: " إننا لن نتنازل عن مركزنا في العالم العربي ولا عن رسالتنا إلى العالم العربي، ولكننا نريد قبل كل شيء أن نكون أقوياء في أنفسنا لنتمكن من تأدية رسالتنا. يجب على سورية أن تكون قوية بنهضتها القومية الاجتماعية لتستطيع القيام بمهمتها الكبرى". وبمعنى آخر، فقد آمن سعادة بضرورة قيام اتحاد بين أمم العالم العربي ـ لما تتضمن هذه الأمم من قواسم ومصالح مشتركة بينها ـ إلا أنه لم يستبق الأمور ويطلق الشعارات، كما فعل كثيرون، حتى يصبح هذا الأمر ممكن التطبيق بعد استعادة العافية وقيام النهضة القومية في سورية.

وحتى في هذه الحال، لا يمكن للاتحاد أن يقوم إلا بتوافر شروط أو عناصر ثلاثة كأي عقد قانوني آخر وهي: 1) أهلية التعاقد 2) الارادة الحرة للمتعاقدين 3) مشروعية الموضوع المتعاقد عليه. فبالنسبة للعنصر الأول، لا أهلية قانونية للتعاقد لأي بلد منقوص السيادة والحرية. وللأسف فعالمنا العربي، بمختلف دوله، تحكمه

أنظمة رجعية تخلت عن السيادة والحرية والمعروف أن أمر التعاقد منوط بالنظام الحاكم.. وبالنسبة للعنصر الثاني، فلا تملك الأنظمة العربية إرادة حرة لأنها مرتهنة للإرادات الخارجية، وطبيعي ألا تتجه الارادة الخارجية إلى تشجيع التعاقد على اتحاد عربي وإلا يسقط دورها وتتوقف مصالحها الاستعمارية.. ونشير هنا إلى الجامعة العربية القائمة والتي كانت بالأساس بدعة بريطانية، فلا يمانع الغرب باستمرارها ولا يتخوف منها لأنها جامعة للأنظمة وليست جامعة للشعوب العربية.. أما فيما يتعلق بالعنصر الثالث، فالموضوع مشروع بامتياز بانتظار فك الأسر عن العنصرين الأول والثاني.

وهناك رأي يردده كثيرون عندما يكون الموضوع عن سعادة ونهجه الفكري، البعض من باب المجاملة.. والبعض الآخر عن جهل لفكر سعادة لسبب من إثنين: إما لعدم قراءته أو لعدم فهم مقاصده الفكرية. يقولون: أنه لو كتب لسعادة أن يعيش حتى أيامنا هذه لغير كثيراً من أفكاره وتعاليمه تمشياً مع المعطيات الجديدة والتطورات الفكرية والتكنولوجية التي طرأت على العالم.. وتعليقاً على هذا نقول باختصار، أنه من غير الطبيعي ألا يتطور الانسان في نهجه أو ممارساته تمشياً مع سنة الحياة الآخذة بالتقدم والتطور، ولكن من غير أن يمس "تطوره" القواعد الثابتة التي هي في صلب العقيدة القومية الاجتماعية.. وهنا نسأل هؤلاء ماذا ينتظرون من سعادة لو كان اليوم حياً ويعيش الأحداث الراهنة:

- هل ينتظرون منه أن يتخلى عن الحرية والسيادة القومية ليتمسك بالعبودية والتبعية وهو القائل "إن لم تكونوا أحراراً من أمة حرة فحريات الأمم عار عليكم"؟

ـ هل ينتظرون منه أن يدخل في المساومة ويحني الرأس للمؤامرة الأميركية الاسرائيلية الجديدة القادمة إلى المنطقة باسم الشرق الأوسط الكبير ليشرّع حدود الوطن للغزو والاحتلال؟
ـ هل يريدون له أن يقلع عن فكرة فصل الدين عن الدولة وتعزيز فكرة "الديمقراطية التوافقية"، هذه البدعة التي يتحدثون عنها اليوم والتي هي ليست في الواقع سوى توافق رموز الطوائف للحفاظ على امتيازاتهم في السلطة والنفوذ والمغانم...؟
ـ هل يطلبون منه أن يهلل لسايكس بيكو الجديدة للامعان في شرذمة الأمة وتجريدها من حقها في الحياة.. وها هي معالم التقسيم الجديدة تظهر يوماً بعد يوم: فلسطين أمست أربعة أجزاء ولا يمكن التنقل بين أجزائها إلا من خلال المعابر الاسرائيلية.. والعراق أصبح حقل ألغام لا ينجو منه إلا المتعامل مع الاحتلال.. الأردن يمد جسور الدبلوماسية والاستراتيجية مع إسرائيل.. ولبنان والشام يخضعان لتحديات بقايا الشرعية الدولية. وأقول "بقايا" لأن الأمم المتحدة، حتى تاريخ الغزو الأميركي للعراق، كانت بعض الأمل الذي تتمسك به دول العالم الثالث في مواجهة الدول الغازية. أما بعد، فقد سقطت عندما ضربت الولايات المتحدة قراراتها بعرض الحائط وراحت لتحتل العراق..

باختصار أقول، لو كان سعادة حياً اليوم لشدد أكثر على تعاليمه وقيمه التي تكمن فيها الآلية الحقيقية للخروج من بلبلة المفاهيم التي نتخبط بها إلى وضوح الرؤية ومواكبة حركة النهضة القومية الاجتماعية التي تضيئ الطريق إلى أمل بالحياة..

وفي الختام أشدد على أن في العودة إلى سعادة يجب أن نعمل على فهم ما نقرأ وليس على قراءة ما نفهم، أقصد هنا أن نقرأ بتجرد دون تأثير فكري أو سياسي مسبق، تماماً كما فعل المغفور له الشهيد كمال جنبلاط في دفاعه عن مواقف سعادة يوم إعدام الأخير أو اغتياله على يد الحكومة اللبنانية عام 1949، وقد كان الوحيد من بين النواب الذي تحدى الحكومة وانتقدها بالرغم من أنه لم يكن على اتفاق كامل مع سعادة، حيث قال في استجوابه للحكومة: "على الأمة المريضة بأبنائها أن تتفهم عظمة الفرد وعظمة صراع الجماعة المتفتحة لحياتها ومصيرها. رحم الله سعادة القائل: "إن الشعوب الغبية تفعل برجالها ما تفعله الأطفال بألعابها، تحطمها ثم تبكي طالبة غيرها". ويضيف كمال جنبلاط: "هذا التدليل على قيمة الرجل الفكرية وقيمة الخدمات التي أداها لجيل أدرك الوعي القومي على يده، يفرضه علينا واجب التجرد الفكري، وسعادة كما أشرنا سابقاً هو رجل عقيدة ومؤسس مدرسة فكرية كبرى وباعث نهضة في أنحاء الشرق قد يندر لها مثيل". ولا يزال الكلام هنا لكمال جنبلاط.

إذا عدنا بالتاريخ إلى مطلع القرن العشرين، في مقارنة موضوعية مع مطلع القرن الواحد والعشرين الذي نعيشه اليوم، فإن المشهد ذاته يتكرر والمؤامرة مستمرة: التحديات والمطامع الأجنبية على بلادنا، محاولات التقسيم، إلهاء شعبنا بنظريات وأفكار لا تمت إلى حقيقتنا بصلة، تعميق الخلافات الداخلية بواسطة الطائفية والاقطاع ورأس المال، وإذلال الشعب بالقمع والترهيب.. كل هذه الممارسات تصب في أهداف ليست أهدافنا وفي مصلحة ليست مصلحتنا.

وهكذا فإن الدور الذي تكلم عنه صديقنا الأستاذ إيلي البوري وكنت قد أشرت إليه في مستهل هذه المداخلة، أي دور الانتفاضة القومية

من أجل الحرية والسيادة، هو الذي كان ولا يزال يبحث عن بطل وليس العكس. والبطل الذي استجاب للدور والتحدي آنذاك، لا يزال حياً حتى أيامنا هذه وإن لم يكن بالجسد فبالفكر والتعاليم، ولا خلاص للأمة في استعادة حقها وعزّها إلا بالعودة إليه.. والعودة إلى سعادة هي عودة إلى الينبوع، إلى المدرسة القومية الاجتماعية، إلى الحلول النظرية والعملية لكل المعضلات القائمة التي تهدد شعبنا بتفاقمها يوماً بعد يوم..

قد يرى البعض فيما أقول مبالغةً أو تفاؤلاً أو مستحيلاً.. لا فرق. خاصة أن اللحمة أو الوحدة الطبيعية لم تعد سهلة المنال اليوم بعد أن أمعنت تشريعات الأمم المتحدة في تعزيز الحواجز بين أجزاء الوطن، ولكنني سأرد على كل ما يقال بسؤال عفوي بسيط: ما هو البديل لتجاوز المحن والخروج إلى النور...؟

كمال جنبلاط.. الفيلسوف
في خياراته الانسانية والروحية

نشرت هذه المداخلة في جريدة "الجالية" في عدد تموز 2009 لمناسبة الذكرى الستين على تأسيس الحزب التقدمي الاشتراكي (1949 - 2009)

الأول من أيار 2009

ليس من السهل أن يتناول المرء شخصية كبيرة متعددة الجوانب، في الفكر والأدب، في العلم والفلسفة، في الفراسة والاستشراف، في التحليل والاستنتاج، في القيادة والقدوة، مثل شخصية كمال جنبلاط، وإن كان الدافع إلى الكتابة في أغلب الأحيان تأثراً وحماساً لما أنتج وأعطى في حياته أو لما يمثله في حياة بيئته ومجتمعه من قوة تتعدى الحاضر اليائس إلى مستقبل واعدٍ يطفح بالأمان والآمال. وقد يظن الكاتب أنه سيعبر التجربة، تجربة إخراج وتدوين ما يجول في داخله من خواطر متزاحمة ـ على كثرتها ـ بثقة بالنفس وقدرة على التعبير من دون عناء أو تكلف، حتى يدرك الصعوبة ويبلغ الحيرة عندما يجلس للكتابة. ولا غرابة في ذلك، لا بل من الطبيعي أن يتعثر اللسان والقلم وأنت تتحدث عن شخصيةٍ عاليةٍ في المقام وأكبرَ بكثير من الكلمات.. وأجمل تعبير في هذا المجال، ما ورد في كتاب "كمال

جنبلاط، الانسان" لمؤلفه كمال أبو مصلح حيث جاء: "أنت تقرأ بحياة كمال جنبلاط حياة الفضيلة، وبعظمته عظمتها، وبعذابه عذابها. وتقرأ بموته موت الحق، وبهزيمته انتصار الباطل، وتسمع بأقواله صوت الحكمة".

1 ـ لمحة تاريخية

ولما كانت غاية هذا البحث الإضاءة على كمال جنبلاط الفيلسوف في خياراته الانسانية والروحية، كان لا بد من إلقاء نظرة سريعة على المرحلة التاريخية التي عاش فيها وكان لها الأثر البالغ في تكوين شخصيته وتوجيهه، وبالتالي فهم الظروف المليئة بالأحداث والتطورات والمتغيرات، التي كانت السبب في تحويل مساره "الصوفي" ليدخل المعترك السياسي من بابه العريض، هذه الظروف التي أدخلته بدورها في معاناة إنسانية حادة ــ نتيجة التناقضات الكبيرة التي أحاطت به ــ لازمته طوال حياته ولم تفارقه إلا بعد استشهاده في العام 1977.

ولد كمال جنبلاط مع نهاية الحرب العالمية الأولى (1917) التي انتهت بسقوط السلطة العثمانية واعتلاء الاستعمار الجديد البريطاني ــ الفرنسي على المنطقة العربية، هذا الاستعمار الذي سيتحول فيما بعد إلى "انتداب". وقد تضمنت فترة الحرب دسائس ومؤامرات بارزة قام بها الشريكان المستعمران للهيمنة على المنطقة ومصادرة مواردها وخيراتها، وقد كانت في طليعتها اتفاقية سايكس ـ بيكو ووعد بلفور اللذان عملا على تفتيت البلاد وتقسيمها إلى دويلات. غير أنه لم يكن للمستعمر أن ينجح في غزوه وعدوانه لو لم يتوفر له الدعم من الداخل على أيدي الاقطاع ومؤسسات الطائفية السياسية.

وقد حصل هؤلاء على وعد من الانتداب بحماية نفوذهم وسلطانهم. وتجدر الاشارة هنا أنه كان للعائلات الاقطاعية في هذه المرحلة الدور الأساسي في التربية الفكرية والسياسية كما أنه كان لها الدور الفاعل في التركيبة اللبنانية وخاصة في شؤون الحكم والادارة. ومن الطبيعي أن يتأثر كمال جنبلاط بما يدور من حوله لتحديد خياراته وتوجهاته، وهو ابن العائلة الاقطاعية العريقة في ذلك الزمان، غير أن الميل إلى الخيار الانساني الذي جاء نتيجة مطالعاته واطلاعاته، خاصة فيما يتعلق منها بالتيارات الفكرية الجديدة التي تعرّف عليها في فرنسا من خلال تيير دي شاردان (De Chardin) وهنري برغسون (Bergson) وغيرهما، كان الأقوى لديه، فجعله يسخر السياسة من أجل الفكر بدلاً من أن يسخر الفكر من أجل السياسة. ويقول فيه ميخائيل نعيمة في هذا المجال: "كمال جنبلاط، هو السياسي بين الفلاسفة والفيلسوف بين السياسيين.."

من الواضح أنه، من خلال سلوكه داخل بيئته الاجتماعية، لم يرسم كمال جنبلاط لنفسه الشخصية السياسية التقليدية، كما أنه لم تغرّه مظاهر السطوة والعظمة والقيادة وقد كانت متوفرة له جميعها على طبق من فضة. حتى أنه لم يخطر بباله أن يعمل في السياسة، ليس من باب الرفض المطلق ربما، ولكن من باب عدم الرغبة في أن يكون شريكاً في نظام غير إنساني لا يضمن العدالة للناس والمساواة فيما بينهم. هذا هو الأرجح، خاصة بعد أن تفتحت شهيته على الفلسفات الانسانية والروحية التي كان يطالعها بشكل يومي وتعنى جميعها بالمعتقدات الدينية والفكرية على اختلافها كما تعنى بالحريات وحقوق الانسان.. ويبدو أنه لم يحسم أمره إلا في مطلع

الأربعينات، على أثر وفاة ابن عمه حكمت جنبلاط وتسارع الأحداث والتطورات خلال الحرب العالمية الثانية الدائرة آنذاك، حيث وجد نفسه مضطراً إلى الرضوخ لمشيئة والدته السيدة نظيرة ولضغوط العائلة الجنبلاطية، وكان لا بد له من دخول المعترك السياسي لملء الفراغ بعد أن ظلت كرسي الزعامة التقليدية شاغرة لفترة طويلة من الزمن. وكانت تلك، نقطة التحول الحاسمة في حياته. غير أن كمال جنبلاط الذي كانت قد تبلورت مفاهيمه وتمحورت حول النظريات الانسانية، لم يكن ليسلك طريق السياسة اللبنانية التقليدية – كما فعل غيره من السياسيين – والتي تقوم على الاستعلاء واستغلال النفوذ أو ارتهان المواطن واستعباده من أجل تحقيق المصالح الشخصية، بل راح يفتش عما يساعد على تحقيق حرية هذا المواطن وحماية حقوقه المشروعة بما أوتي من فكر ومعرفة ونفوذ..

وكانت أبرز الأحداث التي شغلت جنبلاط في تلك المرحلة ـ فترة ما بعد الحرب العالمية الثانية ـ استقلال لبنان والميثاق الوطني (الطائفي) عام 1943، جلاء القوات الأجنبية عام 1944، إنشاء هيئة الأمم المتحدة عام 1945، قيام جامعة الدول العربية عام 1946 والمسألة الفلسطينية عام 1948. وفي هذه المرحلة كان كمال جنبلاط قد استوعب الدور الذي ينتظره، فصمم على المضي قدماً في صراع على جبهتين: الأولى في محاربة الاستعمار الغربي الذي يسعى بقوته المادية وتطوره التكنولوجي إلى ارتهان الانسان والانقضاض على الحقوق الوطنية من أرضٍ، ومياه، وفكر وثقافة. والثانية في تحرير المواطن من عقدة الخوف وتلقينه الفكر المتطور الذي يتلاءم مع حقه في حياة عزيزة لا ارتهان فيها ولا تبعية. وقد حقق ذلك عبر طرحه للأفكار والنظريات التي تشرح الحقوق

الانسانية والعلاقة العضوية التي لا تنفصل بين الروح والمادة في الذات البشرية. ومن الواضح أن أفكاره المعبّرة، في "الديمقراطية الجديدة" و"ثورة في عالم الانسان" و"نحو اشتراكية أكثر إنسانية" وغيرها من الكتابات، كانت تصب جميعها في خدمة الانسان "الذي أخذ يبتعد عن مصدره وحقيقته" كما يقول..

وكان تأسيس الحزب التقدمي الاشتراكي في العام 1949 أبرز المحطات التي كرست زعامته، ليس كزعيم عائلي أو طائفي أو إقطاعي في إطاره الضيق، وإنما كزعيم إنساني يسعى إلى خير وسعادة الانسان داخل حدود الوطن وفيما يتعدى الحدود. وكأني بـ "المعلم" يؤسس مدرسة لا حزباً لبناء وطن جديد شعاره "وطنٌ حرٌ وشعبٌ سعيد".

2 ـ التأمل والصوفية

من الملاحظ وأنت تقرأ سيرة كمال جنبلاط، أن الملامح العامة لشخصيته تكونت في منتصف الثلاثينات، خلال دراسته الثانوية في معهد القديس يوسف للأباء اللعازاريين في عينطورة. ويشير من عرفه في تلك الحقبة التي قضاها في المعهد، على أنه كان يميل إلى علم الأحياء والفلسفة وكان يقضي أوقات فراغه في المكتبة لمطالعة المجلات العلمية. ومن التقاليد الأرستقراطية المرعية في ذلك الوقت، أن يتابع أولاد العائلات الاقطاعية والبورجوازية الدراسة في كليات الحقوق الفرنسية أو الأوروبية الأخرى، لأن شهادة الحقوق كانت شرطاً ضرورياً للعمل السياسي في لبنان أو لتبؤ منصب مرموق في جهاز الدولة. (خلال فترة الخمسينات والستينات من القرن العشرين شكل عدد النواب المتخرجين من عينطورة

وحاملي شهادة الحقوق نسبة 60% من مجموع النواب). غير أن جنبلاط لم يكن قد قرر شيئاً نهائياً في هذا الاتجاه بالرغم من إلحاح والدته "الست نظيرة" التي كانت تحلم بأن ترى ولدها كمال في أعلى المناصب السياسية بعد أن يمسك بزمام الزعامة الجنبلاطية. لكن في هذه الفترة، لم يكن الشاب ليأبه بالمناصب مهما علت، وكان يعيش حياة أقرب إلى الروحية المتواضعة منها إلى الاستعلاء وحب الظهور. أما الخصال التي كانت ملازمة لشخصيته ومنها الحياء والانطوائية والتأمل، لم تكن خافية على أحد ممن عرفوه أو جالسوه أو حادثوه. وكان يصاب بالدهشة من اعتاد على القراءة له أو عنه إذ يكتشف الجديد في كل حديث من أحاديثه وفي كل موقف من مواقفه لكثرة مطالعاته وقراءاته التي كانت توسع آفاقه وتزيده ثقافة ومعرفة. وقد كان كمال واضحاً في طروحاته، جريئاً في آرائه، عنيداً في ثباته، واثقاً في قراراته، قلما تجتمع كل هذه الميزات في رجل سياسة، لبناني ذلك أن المنهل الذي كان يستقي منه غذاء الروح والمعرفة هو نبع الصفاء بعينه الذي يصلح لكل زمان ومكان.

يقول أرشيبلد روزفلت عن كمال جنبلاط يوم أقام مأدبة غذاء تكريمية له وللوفد المرافق في العاصمة الأميركية واشنطن في العام 1954: "كان لقائي الأول بكمال بك عام 1944 يوم زرت المختاره في لبنان لمقابلة السيدة نظيرة والدته، لكنه كان لقاءً عابراً لم يتم حوار بيننا لسبب ما".

وروزفلت هذا هو الدبلوماسي المعروف نسيب الرئيس تيودور روزفلت وأكبر الملمين بشؤون العالم العربي في ذلك الوقت لسبب أنه كان يحتل مركزاً رفيعاً في المخابرات الأميركية بالإضافة إلى

كون زوجته من أصل درزي. ويضيف أمام جمع من الضيوف: "ولم يتم حوار بيننا هذه المرة أيضاً إذ لم يكن كمال بك ضيفاً بشوشاً ولم يتحدث إلينا وإلى الذين دعوناهم للتعرف إليه، بل كان منطوياً على نفسه، عديم الحيلة وكأنه ضائع في عالمه المثالي باختلاف السياسيين اللبنانيين المشدودين إلى واقع الحياة اليومية".. ولما كان الشيء بالشيء يذكر، فمن الضرورة الاشارة إلى الكلمة التي ألقاها كمال جنبلاط في هذه الرحلة منتقداً السياسة الخارجية الأميركية في الشرق الأوسط، خلال احتفال أقامه على شرفه شارل مالك سفير لبنان في واشنطن آنذاك وقد جاء فيها: "إن الشعوب العربية لا تكره الشعب الأميركي ولكنها تكره السياسة الخاطئة التي تنتهجها أميركا في دعم الاستعمار والرجعية في كل بلد امتدت إليه أيديها. نحن لا نريد أن نكون عبيداً تذلنا الحسنة ويحقرنا الاستعمار، وإنما نريد أن نكون أحراراً في بلاد حرة، نمد يدنا إلى الأميركيين كأحرار يصافحون أحراراً". هذا بعض من كثير صعقت له النخبة التي حضرت الاحتفال من كبار الشخصيات الأميركية، حيث فاجأ جنبلاط ضيوفه بوضوح وجرأة نادرين حتى صرّح أحدهم قائلاً: "إننا لم نعرف قبل اليوم زائراً ينتقد سياسة بلادنا بصراحة وإخلاص مثل كمال جنبلاط..".

3 ـ المعرفة الجنبلاطية

يتبين لنا مما سبق ذلك الخيط الصوفي الذي يربط فيما بين مراحل حياة كمال جنبلاط ويبرز ميوله الروحانية وانشغاله بالفلسفات الانسانية التي ساعدته في عمله السياسي والاجتماعي ومكنته من معالجة هموم الناس وحل مشاكلهم. أما حالة التأمل التي أشار إليها

كل من كتب عن كمال جنبلاط، كانت فعلاً ملازمة له دون انقطاع حتى وهو جالس بين أهله وأصدقائه. فهو يبدو وكأنه في حالة اتصال روحي دائم في عالم غيبي، يفتش عن رؤىً وحلول لما يعانيه الانسان في حياته على الأرض. فهو وإن كان ينظر إلى محدثه إلا أنه يحدق بالبعيد، حتى رأينا الكثيرين من جلسائه ينتقدونه ظناً بأنه لا يعيرهم اهتماماً أو أنه يتجاهل وجودهم..

كانت مصادر جنبلاط المعرفية متعددة ومتنوعة، ومنها اليونانية والصينية والهندية والمراجع الدينية على اختلافها، وقد ساعدته كثيراً في صياغة نظرياته الفلسفية، وخاصة المرجعية الدينية التوحيدية التي تجد جذورها في الفلسفات اليونانية والمصرية والهندية. وهو قد أدرك باكراً بأن كل ما في الوجود معرفة، أما السبيل إلى المعرفة فهو الاختبار الروحي الذي يدخله الانسان مع ذاته في سعي متواصل لبلوغ الحقيقة. وفيما يلي نعرض بإيجاز لنظرياته المعرفية التي تتمحور حول الانسان في حقيقته الانسانية الهادفة إلى تطوره وإبداعه.

- في التربية والأخلاق

يعتبر جنبلاط بأن الأخلاق هي جوهر أساسي في الانسان، ومن الضروري العودة إلى اختبارات الأقدمين والاستفادة من تجاربهم القويمة بحيث تصبح الأخلاق التزاماً إرادياً وليس إلزاماً. وهو يرى في هذا، عودة إلى الأصالة وسعياً للنفس في بحثها عن الجمال والحقيقة. ولما كانت التربية تعتبر أساسية في حياة الانسان، فهي لا تتم على مستوى الفكر وحسب، وإنما بالتربية الصحية والجسدية كذلك. وهذا النوع من التربية يؤدي إلى خلق نخبة قادرة على تطوير

المجتمع، ومفهوم النخبة هذا مستوحىً من المقاييس الثلاثة التي اعتمدها الدعاة الفاطميون الكبار وهي: الكفاءات العقلية، والأخلاق، والعمل الاجتماعي.

ـ في التطور والحضارة

يشمل التطور، بمفهوم جنبلاط، كل ما له علاقة برقي الانسان المادي. أما الحضارة، فهي توفر التقدم الفكري والروحي والمعنوي للإنسان، علاوة على حاجاته المادية. يقول في كتابه "فيما يتعدى الحرف" بأن المنجزات العلمية في القرن العشرين قد حولت الانسان إلى حيوان تكنولوجي بدل أن ترتقي به باتجاه تحقيق إنسانيته. ولا غرابة من تخوفه من هذا التبديل السريع الذي لا يرافقه تقدم روحي وأخلاقي موازٍ بالمقابل". وفي حملة على الغرب المصدّر للآلة المتطورة يقول: "لم يوجد الانسان ليكون غرضاً وعبداً للحضارة، إنما وجدت الحضارة وتطورت لأجله أو على الأقل هكذا يجب أن يكون".

ـ في القيم الروحية والاجتماعية

وهذه القيم هي من المعايير الثابتة للإنسان في تفاعله الاجتماعي، لا تتبدل مع تبدل المجتمعات في رقيها وتطورها، لأنها مستمدة من القوانين الطبيعية الثابتة. وعلى حد قول جنبلاط: "قد تتبدل التصورات الدينية وأشكال المذاهب الروحية، ولكن مقاييس الخلق تبقى ثابتة نسبياً لأنها ثمرة انفعال الانسان بمحيطه وبيئته الاجتماعية". ومثال هذه القيم المحبة، والفرح، والصدق، والتضحية، والوفاء وغيرها التي تستند إلى القوة والشجاعة. وهو

يعني القوة المعنوية وليس القوة المادية التي تظهر باستخدام العنف. هنا يلتقي جنبلاط مع غاندي الذي يقول في هذا المجال: "لا يستطيع الانسان أن يزاول اللاعنف ويكون جباناً في الوقت ذاته، ذلك أن مزاولة اللاعنف تستدعي أعظم الشجاعة".

مما لا شك فيه أن معظم المفكرين والعلماء يربطون بين الانسان الفرد والمجتمع بعلاقة جدلية إذ لا يتصورون إنساناً بدون مجتمع أو مجتمعاً بدون إنسان. إلا أن كمال جنبلاط لا يرى في تقدم المجتمعات تطوراً مادياً مستقلاً، وإنما الإحاطة بمفاهيم التطور التي تتلاءم مع تقدم الانسان الحقيقي في إطار القيم الروحية أو المعنوية الثابتة ونظام الأخلاق وأدب الحياة. وهكذا لا يتقدم المجتمع عملياً إلا بتقدم الانسان.

- في المعرفة والحرية

المعرفة، في مفهوم كمال جنبلاط، هي في ما يتعدى الكلمات والعلوم المادية السطحية إلى المصدر والجوهر أي إلى جذور المعرفة عند الحكماء والأولياء و "في الانتصار على الجهل" كما يقول، ولا يتحقق ذلك إلا بالمعرفة الجوهرية. أما على المستوى الانساني، فالمعرفة هي علاقة المدرِك بالمدرَك. وفي تجاوز هذه العلاقة تقترن المعرفة بالعرفان الذي هو الطريق إلى الحقيقة الجوهرية حيث تصبح المعرفة هي الحقيقة ذاتها لحلول النور، هذا النور الذي رآه جنبلاط: "في القرآن والانجيل على السواء، وفي البدء كان العقل والنور. وهكذا فإن المعرفة هي حركة متواصلة باتجاه الحقيقة الجوهرية كمن أضاء نوراً في نفسه يستضيء به على الدوام.

أما مفهوم الحرية، فهو يختلف لدى جنبلاط في المنحى الاجتماعي أو السياسي عنه في المنحى المعرفي. ففي الأول تبقى الحرية نسبية خاضعة لمعايير الزمان والمكان والمعتقد، بينما هي في الثاني "محض داخلية". وتوصل جنبلاط إلى الكشف على أنها والسعادة شيء واحد إذ يقول: "كانت الحرية دائماً الرفيقة الخفية للذات الداخلية، وسعادة للأحرار لأن السعادة والحرية شيء واحد". ويخلص إلى أن في النهاية تظهر الوحدة المتكاملة بين السعادة والحرية والمعرفة لأن مصدرها العقل الذي هو الشرعة الداخلية لكل كينونة وصولاً إلى العقل الأرفع أو الله..

- في السياسة والروحانية

السياسة، بنظر كمال جنبلاط، تهدف إلى تحقيق بناء المجتمع الأمثل، "هي فن الحكم ومحاولة للتوفيق بين ما يجب أن يكون وما هو كائن، أي بين الواقع والمثل الأعلى". وكان عمله السياسي، باختلاف جميع السياسيين، على قاعدة روحية يهدف إلى تحقيق الطمأنينة الاجتماعية والعدل والمساواة. أراد، من خلال طرحه لمشروع "عقلنة السياسة" في لبنان والعالم العربي، الانتقال بالشعب من حالة السياسة المتخلفة القائمة على المذهبية والطائفية، إلى حالة "العلمنة" القائمة على "المعرفة والنشاط" كما عبر عنه: "لا نريد في أي حال إقحام الدين في السياسة، إلا بما تفرضه الأخلاق في استيحاء مبادئ الروحانية السامية. إنما نريد نظاماً علمانياً ينسكب فيه أعلى ما في الأديان من روحانية ومبادئ".

احتلت السياسة حيزاً واسعاً في حياة وفكر جنبلاط بالرغم أنها فرضت عليه، كما مر معنا، لكنه لم يجعلها هدفاً أو غاية بحد ذاتها،

بل وسيلة إلى تحقيق "السلام"، وكان توجهه دائماً إلى الينبوع والبحث عن الروحانية والصوفية بالمطالعة والتأمل الروحي، وقد أكد هذا في حديث صحفي أجراه معه الصحافي الفرنسي فيليب لابوسترال قبيل "استشهاده" بقليل إذ قال: "أعتقد أنني سأتحول عن السياسة بالتدريج.. إلى مباحث ثقافية وروحانية تخدم السلام، وعليّ كذلك أن أهتم بنشر مؤلفات في البحث الصوفي في اللغات الثلاث، العربية والفرنسية والانكليزية..". كما يؤكد في مكان آخر أهمية الاتصال الروحي أو التأمل الذي كان يمارسه، وقد ساعده على تجاوز كثير من الاشكالات: "لو لم أقم باستمرار بهذه العملية التأملية الجذرية، لما كانت لي هذه القدرة على الكفاح المتواصل في سبيل الناس، في المجالين السياسي والاجتماعي".

- في المشاهدة والتأمل

يرى كمال جنبلاط أنه وإن اختلفت الممارسات والطقوس الروحانية من دين إلى آخر، إلا أن جوهر الأديان واحد، وإن الساعي إلى الجوهر لا يتوقف عند "تعرجات المسلك". أما الصلاة التي يأتيها المسلمون والنصارى والموحدون، إنما هي صلاة الروح والمدخل إلى جوهر الأديان. ويقول فيها: "هي جميعها وسيلة وتجمّع وتهيئ إلى الصلاة الحقيقية، صلاة الروح: صلاة الأزل بالأزل والقدرة بالقدرة والنور بالنور، وعي الحياة للحياة والوجود للوجود.."

وكما أن مختلف المذاهب والمعتقدات تلتقي في الجوهر الواحد، فهي تلتقي أيضاً في المصدر الواحد. وبحسب مفهوم جنبلاط، لا يكفي الانسان أن يتعبد الله بالكلمات وتلاوة الصلاة، بل لا بد من إدراكه بالمعرفة المعمقة إذ "عابد الله بدون معرفة كمن يعبد الهواء". كما

يقول في وحدانية الله: "وجميع الأشياء مصدرها ومرجعيتها الواحد الأحد الفريد بذاته." وهذه المعرفة للحقيقة الالهية أو "المطلق" كما يسميه، توجب علينا "أن نعبد الله لا الطريق أو الوسيلة أو النهج الذي يوصل أبناء هذا العالم بالكائن الواحد القادر. والله لا يفتش عنه في سماء ولا هو في أرض ينبش عنه، إنما هو الباطن القائم في أعماق أسرارنا الكامنة في ذاتنا.."

وكمال جنبلاط الذي اطلع على الأديان ووحد بينها، تعداها فيما بعد بنظرة توحيدية صوفية متخطياً جدلية الظواهر إلى جدلية الحقيقة. ويقول: "تعرَّفت على أديان كثيرة من مسيحية وإسلامية، تعلقت بها فترة لكنني رأيت نفسي أتخطاها جميعاً". لقد سلك درب المعرفة التوحيدية في غايتها البعيدة التي تتعدى الوسائل لتبلغ العزيز في عزته ووحدانيته. وهذه المشاهدة العقلية بما فيها من تجلٍ وتأمل، هي بنظر جنبلاط الهدف النهائي للكشف والاطلاع. وهو يعتبر: "أن كل شيء ينزع إلى الفكر، يرتفع إلى العقل المشاهد، أي إلى الاشراق في التأمل".

- الفيلسوف المتصوف

إن المحطات الهامة في حياة كمال جنبلاط، الانسان والسياسي والمفكر، التي تضمنتها هذه الدراسة المتواضعة، كذلك العناوين البارزة في فكره الانساني والروحاني، قد تلزمها مجلدات لشرحها وتحليلها والاطلاع على مكامنها الفكرية لما تضمنت من دراسة ومراجعة وتعمق واستشراف من قبل الفيلسوف المتصوف، وإننا على يقين مهما عظمت المداخلة، لن تفي الرجل الكبير حقه. غير

أن ما دفعنا إلى هذه المحاولة، هو الشعور الذي تولد لدينا، في هذه الذكرى الستين لتأسيسه الحزب التقدمي الاشتراكي، بضرورة مراجعة الأسباب والظروف التي أدت به إلى التأسيس الذي يعتبر محطة مهمة في تراثه الانساني والسياسي على حد سواء.

لم يؤسس كمال جنبلاط الحزب التقدمي الاشتراكي حباً بجاه أو موقع أو نفوذ سياسي، وهو الذي أرغم على دخول المعترك السياسي إرضاءً لوالدته ولتقاليد العائلة.

وهو لم يؤسس الحزب تجاوباً مع موقعه الاجتماعي في مصادرة حرية الانسان واستغلاله من أجل مكاسب ومصالح شخصية كما يفعل الاقطاعيون التقليديون. لم يكن أصلاً بحاجة إلى هذا وهو ابن العائلة الجنبلاطية العريقة بالجاه والمال والمحازبين.

هو لم يؤسس الحزب لتوجيه أنصاره ومؤيديه ضد الأحزاب الأخرى والسياسيين العاملين بظل النظام الطائفي القائم، وإن كان بطبيعة فكره وتوجهه أن يسقط هذا النظام القاصر. ورب قائل يقول، لقد أمضى كمال جنبلاط حياته السياسية في صف المعارضة. فكيف يمكن الاعتقاد بأنه لا يعمل على اختراق النظام والأحزاب المنضوية تحت عباءته..

وهنا برأينا يكمن بيت القصيد. فكمال جنبلاط كان يعمل من منطلقات مثالية لا مكان لها داخل النظام اللبناني القائم على الطائفية والعشائرية، ومن الطبيعي أن يكون دائماً في صف المعارضة، ليس من باب العداء لأحد وإنما انسجاماً مع مفاهيمه ومبادئه الروحانية التي تهدف إلى التغيير اللاعنفي في حياة المجتمع وقد ثبت له عقم مثل هذا النظام وقصوره في ضمان خير وسعادة الانسان. وإن الحزب التقدمي الاشتراكي، بحسب اعتقادنا، كان المؤسسة البديلة

والنافذة التي أراد أن يطل منها جنبلاط على جمهور المواطنين لنشر تعاليمه وفلسفته في الحياة، مخترقاً التقاليد والأعراف السياسية التي كانت سائدة في عصره ورسالته إلى العالم المحبة والمساواة بين الناس. لم يكن الحزب بهذا المعنى، منبراً لإلقاء الخطب والنظريات، وإنما مختبراً لمدى اقتراب النظرية أو بعدها عن الانسان وجوهره من خلال فعلها وتفاعلها في المجتمع، ذلك أن أهمية الانسان تبرز من خلال وعيه لنفسه وللعلاقات الاجتماعية التي ترعى دورة الحياة بكل وجوهها.

كمال جنبلاط.. الفيلسوف في خياراته الانسانية والروحية، اتجه إلى العمل السياسي وفي جعبته أفكار كثيرة لتطوير المجتمع، ومثل هذه الأفكار ما جاء في تعريفه للعمل السياسي إذ قال: "هو عملية نفسية روحانية غايتها الجوهرية إتمام وتحقيق واكتشاف الذات الحقيقية". وقد عمل فعلاً باتجاه ما يحقق النظرية، متأثراً بـ "غاندي" باختلاف عمل السياسيين الآخرين. وفي الحرية السياسية يقول: "يجب أن تكون التزاماً بأهداف التطور الحياتي الشامل. وهذه الأهداف ترمي إلى إبداع الأفضل والأسلم والأقدر كفاءة، وإلى تمثيل القيم الخلقية والمعنوية والروحية التي تؤلف جوهر وروح المجتمع.."

بهذا الصفاء الفكري والرؤية الروحانية الواضحة، جعل كمال جنبلاط من هذه القيم الروحية غاية الحزب التقدمي الاشتراكي، كما جعل من الحزب مدرسة أخلاقية عالية تحفز المواطن على إدراك الحقيقة الجوهرية، وهناك الانتصار العظيم..

خالـد حميـدان يرد على كلوفيس مقصود:
رؤية إصلاحية مثالية لنظام عربي غير موجود

- مقدمة -

2009/05/28 - جريدة "الجالية" - العدد رقم **50**

قام مركز "الجزيرة" للدراسات مؤخراً بنشر ملف حول الأزمة التي يعيشها النظام العربي الرسمي - حيث شارك فيه عدد من الدارسين والمفكرين العرب - قدم خلاله الدكتور كلوفيس مقصود مراجعة نقدية ومقترحات عملية للخروج من الأزمة، نشرت في العدد السابق رقم **49** من جريدة "الجالية".

إننا وإذ عمدنا إلى نشر تلك المداخلة، فلأن الدكتور مقصود يكاد يكون من القلة القليلة أو ربما الوحيد الذي لا يزال يعالج الأزمات السياسية والاقتصادية في هذا الجزء من العالم على قاعدة القومية العربية التي ترتبط، بحسب اعتقاده، ارتباطاً وثيقاً بالفكر الوحدوي للأقطار العربية.

وبالمقارنة مع ما جاء في مداخلات الآخرين ممن شاركوا في الملف، يبدو د. مقصود في وادٍ والآخرين في وادٍ آخر، حيث إنه ذهب بعضهم إلى نفي وجود نظام عربي رسمي موحد (وهذا صحيح)، بينما اتجه البعض الآخر إلى توصيف حالات عربية ومنهم من قام بعروض تاريخية أو تحليلات سياسية، هي بمعظمها إن لم يكن جميعها، خارجة عن الموضوع الذي طرحته الجزيرة، قد تؤدي إلى زيادة البلبلة الفكرية بدلاً من أن تخدم موضوع التقارب العربي المطروح.

لذلك سأكتفي بالرد على ما جاء في مداخلة الدكتور مقصود علني فيما سأعرض، نقترب أكثر فأكثر مما قدّمه من مقترحات. وإنني في أي حال مدين للصديق د. كلوفيس بالكثير لما أخذت عنه من نهج موضوعي في التحليل

وأدب الحوار، وقد كانت طروحاته الفكرية في أكثر من مناسبة حافزاً لي قوياً اضطرني إلى إعادة النظر والعودة إلى الينابيع. فإنني وإن كنت سأعترضه في بعض ما جاء في مداخلته إلا إنني أؤكد جازماً على أن ذلك يصب في مصلحة وإغناء الموضوع الذي طرحته الجزيرة على أمل أن تتبلور الرؤية في اتجاه اتحاد عربي حقيقي كامل المواصفات النهضوية والقانونية وبالتالي قيام "النظام الرسمي العربي" المنشود.

أولاً: هل هناك نظام رسمي عربي؟

إن السؤال الذي طرحته "الجزيرة" حول أزمة "النظام الرسمي العربي" والذي يتجه للوقوف على أسباب الأزمة وانعكاساتها على المرافق الحيوية في العالم العربي وبالتالي طرح الحلول الممكنة والاستشراف للمستقبل، قد لاقى الجواب المباشر في مداخلة د. مقصود إذ قال: " إن الأمة العربية على مستوى "نظامها الرسمي" هي فاقدة للمناعة.. والنظام العربي الرسمي القائم لا يشكل للشعوب العربية مرجعية موثوقة توجهها، ولا إطارا ينظم مسيرتها ويضبط خطواتها". ثم يضيف: "هذه الصورة القاتمة ليست ناشئة من فراغ، بل بعض أسبابها يكمن في التباين واختلاف الظروف الموضوعية التي أدت إلى إنجاز استقلال الدول العربية في مراحل مختلفة، ومن تعدد القوى الاستعمارية والمهيمنة، التي أفرزت بدورها طواقم محلية انبهرت بمظاهر "السيادة" وما أفرزته من مصالح أدت إلى تفاوتات اجتماعية واقتصادية بين أقطار النظام العربي وداخل كل منها".

قد تبدو نظرة د. مقصود واقعية وجديرة بالدراسة والتحليل لو كان المعني بالأزمة أمة واحدة موحدة بأرضها وشعبها وتعاني (كما

يقول) من فقدان المناعة. لكن والحديث عن دول عربية مختلفة ومتعددة الأهواء والنزعات والايديولوجيات، فليس ما يبرر هذا القول وليس هناك من طرح واحد أو رؤية واحدة صالحة لحل الأزمة القائمة.

هذا من جهة، أما تسمية "النظام الرسمي العربي" وكأن هناك نظاماً رسمياً عربياً واحداً، هو افتراض بغير محله لكثير من الأسباب إذ يختلف النظام السياسي المعمول به في العالم العربي من دولة إلى أخرى. وإن كان الرد على اعتراضنا هذا بأن التسمية جاءت باعتبار ما يجب أن يكون، أعتقد أنه لا تصح التسمية واعتبار مثل هذا النظام قائماً إلا متى اكتملت العناصر المكونة لقيامه. وبعد ذلك تصح المراجعة النقدية وتظهير الأزمة التي يعاني منها النظام، كما يصح طرح الحلول الملائمة لها.

أضف إلى ذلك أن النظام السياسي في العالم العربي ليس واحداً أو متجانساً، كما أنه ليس هناك اتحاد قائم يوجب على الأقطار العربية الالتزام بالنظام الواحد. ففي الهوة الواسعة القائمة بين المملكة والأمارة، والجمهورية والجماهيرية، والسلطة والسلطنة، تتعثر هوية النظام وطبيعته، ويكاد أن يكون لكل قطر عربي نظام سياسي خاص به. وبانتظار أن تزول الحدود وتُكسر القيود، وبانتظار أن تعاد قراءة التاريخ والجغرافية، فلا مبرر للإسراع في طرح افتراضات لا توصلنا إلى هدف، وخاصة الادعاء بوجود "نظام رسمي عربي".. وبرأيي المتواضع، كان على كل من شارك في هذه الدراسة أن يتوقف عند هذا الحد. ذلك أن كل ما سيلحق، وإن كانت في بعضه تحليلات قيمة، إلا أنه يبقى خروجاً عن الموضوع أو إجابات على أسئلة غير مطروحة في ملف الجزيرة..

من هنا أرى أنه قد يكون إيجابياً ما طرحه الدكتور مقصود، إلا أنني أتحفظ على النتائج للاعتبارات التي سبقت، مع التأكيد على الرأي بأن النظام السياسي الصالح يلزمه الأرضية الصالحة للتطبيق.

ثانياً: لزوم الوعي القومي لإثبات الحق وليس لقيام النظام؟

يركز كلوفيس مقصود على ضرورة وعي الأجيال الصاعدة للحقيقة القومية والتفاعل مع مشروع تنمية مستدامة يعيد النجاعة للنهضة ويرسخ القناعة بوحدة المصير العربي المرتبط بالوحدة العربية. ويقول في هذا المضمار: "يتطلب هذا الواقع مراجعة عميقة لمفهوم القومية ولإعادة تعريفها، بما يلبي أمن وأمان الانسان العربي، ويحدد بشكل واضح ماهية الثوابت، ومن ثم تمكينها من التكيف مع المستجدات والمتغيرات المتكاثرة".

وهنا أيضاً يدخل الدكتور مقصود بالافتراضية عندما يعتبر بأن على الأجيال الصاعدة أن تتفاعل مع مشروع التنمية المستدامة لاستعادة العمل النهضوي، وفي هذا ما يوحي وكأن عامل النهضة قد توقف في العالم العربي (وهو لم يبدأ بعد) نتيجة فقدان البوصلة والمرجعية الموثوقة بعد أن قطع أشواطاً بعيدة. وبمعنى آخر يعتبر د. مقصود بأن النهضة تمر في حالة مرضية مؤقتة وأن الحل سيكون حتماً على الطريق السوي متى تمت "استعادة النهضة" بفعل الوعي القومي. كل هذا من غير أن يشرح كيف تتم مراجعة مفهوم القومية أو إعادة تعريفها، لنتمكن من فهم كيف تستعاد النهضة. والواقع الذي نعرفه جميعاً هو أنه حتى هذا التاريخ من عمر العالم العربي، لم تبدأ فيه نهضة قومية حقيقية بعد، لأن البلدان العربية تعيش في فوضى المفاهيم والبلبلة الفكرية ولم تحسم أمرها بعد من القواعد

الأساسية التي حتمت نشوئها، فكيف لها أن تعي حقيقة لم تكتشفها بعد؟ وإذا كان لنا أن نقف على تعريف لمفهوم "الأمة" نقول بما توصل إليه الباحثون والمؤرخون، أي إنها وحدة الشعب (وليست وحدة الشعوب) التي تولدت من وحدة الحياة على مدى حقب تاريخية طويلة في بيئة جغرافية واحدة. و"القومية" (أو الوعي القومي) هي تنبه أو إدراك هذه الأمة لوحدة الحياة على أرضها الواحدة ولشخصيتها ومميزاتها ووحدة مصيرها، بحيث تنشأ معها رابطة المجتمع الوطنية القائمة على وحدة المصالح الحيوية والنفسية، وليست رابطة فئة أو دين أو طائفة.

أما "النهضة القومية" التي يكثر الكلام عنها في هذا المجال، هي الأخرى ذات مدلول واضح لا يمكن أن يعني شيئاً خارج إطار الأمة المعنية، ذلك أن النهضة تحتم وحدة العمل الجماعي فيما يخدم تطور وارتقاء الأمة انطلاقاً من الوعي القومي الذي مرّ ذكره.

إن الوقوف على ما تعنيه هذه المصطلحات يسهّل علينا فهم معنى الدولة وشكل النظام السياسي أو الثقافي التي تعمل من خلاله. فإن كانت الدولة تعني المظهر السياسي لمجموعة بشرية معينة، فذلك يؤكد حتماً أنه لا يمكن الخوض بنظامها السياسي أو سيادتها الوطنية خارج نطاق الوجود الحقوقي الطبيعي الحاضن لها - أي الأمة - وبالتالي حيث لا أمة لا دولة وحيث لا دولة لا نظاماً سياسياً ولا سيادة. وكل ما يقال في هذا المجال عن وطن عربي أو نهضة عربية أو نظام رسمي عربي، هو من وحي الخيال ولا يمت إلى الحقيقة بأية صلة.

هذا من دون أن يغيب عن بالنا أن واقع العالم العربي هو واقع أمم ومجتمعات متقاربة يسهل التعاون أو تشكيل جبهة تعاونية فيما بينها على أساس اتحاد يشبه الاتحاد الأوروبي، يكون قوة فاعلة في تنظيم وتطوير المصالح العربية المشتركة، مع الاشارة إلى أن الوحدة غير الاتحاد وأن لكل منهما خصائص مميزة وأصولاً مختلفة وإن كان الكثير من الباحثين يخلطون بينهما.

ولسنا هنا في معرض المقارنة بين الوحدة والاتحاد من حيث الشكل والمضمون. إلا أنه لا بد من تعريفهما في هذا السياق حتى لا نذهب بعيداً في استخدام الكلمتين وكأنهما يعبران عن شيء واحد. هذا من جهة، ومن جهة أخرى لكي نكون منسجمين مع أنفسنا في توصيف وتعريف كل مصطلح يستخدم في بحث علمي كالذي نحن بصدده الآن، فنقول: الوحدة هي فعل طبيعي يقوم في المجتمع الواحد أي بين أعضاء الجسم الواحد، بينما يقوم الاتحاد أو الجامعة بين عدة مجتمعات ـ أي بين عدة أجسام ـ لأنها تشترك فيما بينها بقواسم ومصالح مشتركة، وهذه هي الحال بين أمم العالم العربي. وحتى في هذه الحال، لا يمكن للاتحاد أن يقوم إلا بتوافر شروط قانونية ثلاثة كأي عقد أو اتفاق قانوني آخر. وهذه الشروط هي: أهلية التعاقد، الارادة الحرة للمتعاقدين ومشروعية الموضوع المتعاقد عليه.

ونخلص إلى القول بأن الوعي القومي، الذي ذكره الدكتور مقصود في مداخلته وشدد على تحقيقه من أجل "استعادة المرجعية الموثوقة"، يصلح لإثبات الحق القومي وتحديد الإطار الطبيعي والحيوي للأمة وليس لقيام نظام سياسي رسمي، أياً كان شكل هذا النظام. وفي واقع العالم العربي، سيكشف الوعي النقاب عن وجود عدة أنظمة عربية لا عن نظام رسمي واحد..

ثالثاً: جامعة الدول العربية أداة غير مؤهلة لتأسيس اتحاد عربي.

يقول د. مقصود: " إن من شأن تعريف عروبة الهوية أن يساهم في اتباع نهج السياسات الوقائية لاجتناب النزاعات العرقية والطائفية والقبلية". وفي سياق الرؤية الاصلاحية التي يطرحها يضيف: "استطرادا، يجب أن يوفر النظام الرسمي العربي آلية للدبلوماسية الوقائية، وجهازا للإنذار المبكر حتى لا تتحول الخلافات إلى نزاعات، ومن ثم إلى حروب أهلية.." وفي مكان آخر يقول: "ولا بد من التغيير في هيكلية مؤسسات الجامعة العربية بحيث تتحول الجامعة من مجرد جامعة حكومات إلى جامعة دول، بمعنى أن الدولة هي حكومات ومجتمعات مدنية".

وللرد على هذا الطرح نقول:

1 ـ إذا ما اعتمدنا على التحليل المنطقي، نجد أن أولويات التطبيق العملي تختلف عن أولويات الطرح النظري. فلكي يأتي عمل الجامعة العربية بما يشتهي د. مقصود، يجب تنفيذ الأعمال التالية بحسب الترتيب الآتي:

أ ـ مراجعة دقيقة لمفهوم "الأمة" و "القومية" و "النهضة" وغيرها من المفاهيم وتعريف المصطلحات المستخدمة كي لا يحصل تباين في الفهم. أما من هو المؤهل لهذه المراجعة؟ فلا الدكتور مقصود يعرف ولا نحن نعرف..

ب ـ تلقين المفاهيم التي تخرج بالمراجعة الدقيقة إلى جميع المجتمعات العربية، على اختلاف مفاهيمها وانتماءاتها الحالية واختلاف مستوياتها الفكرية، وقد تتعارض معظمها مع مفهوم الدكتور مقصود.. وهنا أيضاً نطرح السؤال التالي: من سيكون ذلك

الملقن الصالح لهذه المهمة؟ فلا الدكتور مقصود يعرف ولا نحن نعرف..

ج ـ وهنا سنسمح بالافتراض بأن ما ذكر في البندين الأول والثاني قد تحقق فعلاً (أي أنه تم الوعي القومي لدى الشعوب العربية). فالمرحلة التالية يجب أن تكون ـ بحسب خطة د. مقصود ـ تحويل الجامعة العربية من جامعة للحكومات إلى جامعة للدول (أي حكومات ومجتمعات مدنية). وهنا أيضاً يطالعنا سؤال كبير: كيف ستسمح حكومات أو أنظمة، مضى على استئثارها بالحكم وتربعها على عروش السلطة والمال عقوداً من الزمن، أن تتنازل لشعوبها بأن تشاركها امتيازاتها...؟ هذا وإن حصل، فلا يتحقق إلا بفعل ثورة مسلحة ـ قد يلزمها عشرات البنود أو أكثر لشرح مراحلها ـ فهل فيما طرحه الدكتور مقصود يعني قيام ثورة الشعوب المسلحة على الحكام؟ فلا الدكتور مقصود يعرف ولا نحن نعرف..

2 ـ عندما قامت فكرة العمل التعاوني بين الدول العربية بعد الحرب العالمية الثانية، أسفرت المشاورات عن تبلور اتجاهين رئيسيين بخصوصه: الاتجاه الأول يدعو إلى ما وصف بالوحدة الاقليمية ومثالها سوريا الطبيعية أو الهلال الخصيب. والاتجاه الثاني يدعو إلى نوع من اتحاد أشمل ويتضمن رأيين فرعيين أحدهما يدعو إلى وحدة فيدرالية أو كونفدرالية بين الدول المعنية والآخر يطالب بصيغة وسط تحقق التعاون والتنسيق في سائر المجالات وتحافظ في الوقت نفسه على استقلال الدول وسيادتها.

وعندما اجتمعت لجنة تحضيرية من ممثلين عن كل من سوريا ولبنان والأردن والعراق ومصر في أواخر العام 1944، رجحت

الاتجاه الداعي إلى وحدة الدول العربية المستقلة بما لا يمس استقلالها وسيادتها. كما استقرت على تسمية الرابطة المجسدة لهذه الوحدة بـ "جامعة الدول العربية". وعلى ضوء ذلك تم التوصل إلى بروتوكول الاسكندرية الذي اعتبر أول وثيقة تصدر عن الجامعة. وقد اعترف البروتوكول بسيادة واستقلال الدول المنضمة إلى الجامعة بحدودها القائمة فعلاً. كما اشتمل على قرار خاص بضرورة احترام استقلال لبنان وسيادته، وعلى قرار آخر باعتبار فلسطين ركناً هاماً من أركان البلاد العربية.. (وكأن في البندين الأخيرين خطاً أحمر وتحذيراً واضحاً بعدم التدخل أو المساس باستقلال لبنان و"الركن" الفلسطيني). وهذا بالطبع، ما أملاه الانتداب البريطاني على المجتمعين.

من الملاحظ أنه تزامن قيام الجامعة العربية مع "منح" الاستقلال للدول العربية الواحدة بعد الأخرى، مع العلم أن المستعمر لم يكن ليسمح بالاستقلال الوطني إلا بشروطه. وقد كانت، ولا تزال، أهم هذه الشروط رضوخ المتعاملين معه لإرادته الاستعمارية. ونذكر في هذا السياق ما جاء على لسان المؤرخ يوسف يزبك عندما تحولت دولة لبنان إلى جمهورية إذ قال: "هذه الجمهورية هي ذات الجمهورية التي جعلها "الميثاق الوطني" دولة الاستقلال، ولم تكن في الواقع إلا امتداداً للحكم الاقطاعي فالحكم الاستعماري". وهكذا كان بالنسبة للجامعة العربية، فقد جعل منها الميثاق جامعة للأنظمة وليست جامعة للشعوب، برعاية الانتداب البريطاني في ذلك الحين وتكريس هيئة الأمم المتحدة فيما بعد.

من هنا، يتضح أن كل تغيير سيطرأ على واقع العالم العربي بحالته الراهنة، في قيام وحدة أو اتحاد، في توقيع اتفاقية أو معاهدة أو

بروتوكول، ثنائياً كان أم جماعياً، سيخضع، بدون شك، إلى الرقيب الوصي. بالأمس كان البريطاني واليوم الأميركي. ومن يكون في الغد؟ فلا الدكتور مقصود يعرف ولا نحن نعرف..

وباختصار نقول، والحالة على ما هي في العالم العربي من وهن وتراجع وتناقض، ليس هناك ما يشير إلى إمكانية الاعتماد على جامعة الدول العربية لإجراء أي تغيير يذكر، خاصة إذا كان هذا التغيير يتناول الجامعة في دورها: **من جامعة حاضنة للأنظمة المتسلطة على شعوبها إلى جامعة حاضنة للشعوب الناقمة على أنظمتها..**

رابعاً: العودة إلى الينابيع.. الخطوة الأولى على طريق الخلاص

ففي استعراض لما جاء في المداخلة حول النظام الرسمي العربي، يتراءى لنا د. مقصود في نظرته للواقع العربي، إلى جانب معرفته وخبرته الطويلة في العمل السياسي والدبلوماسي والقانوني، ذلك الأب العطوف الخائف على ولده من الضياع في خيارات الدنيا ومغرياتها. فتراه مراقباً ومترقباً ومحاسباً، وكأنه يلحق "بولده" من مكان إلى آخر خوفاً عليه من الانزلاق في مستنقعات المجهول حيث لا عودة تنتظر ولا أملاً يرتجى.

لقد آمن بالوحدة العربية على قاعدة القومية كمدخل إلى خلاص "شعوب" العالم العربي التي شردها التمزق والجهل. والوحدة يلزمها الشعور بالوحدة أو ما يسمى بالوعي القومي. ويتبع ذلك قيام النهضة القومية التي، إذا ما انتصرت، تؤدي إلى الوحدة. وقد استعرضنا في هذه المداخلة القصيرة العيوب الكثيرة التي تعتري العمل النهضوي في عالمنا العربي، وأهمها البلبلة الفكرية السائدة ووجود الحواجز

الكثيرة التي وضعتها الدول المستعمرة وأسست لها الروادع القانونية سواء في ميثاق الجامعة العربية أو في ميثاق الأمم المتحدة، حتى أصبح كل عمل اجتماعي أو نهضوي يهدف إلى الوحدة وإعادة اللحمة بين أبناء الشعب الواحد، هو بنظر الشرعة الدولية من "أعمال الشيطان" أو "الإرهاب".

نضم صوتنا إلى صوت الدكتور كلوفيس مقصود في دعوته للعودة إلى الينابيع والمراجع والثوابت لاستنباط ما يخدم القضية ويوضح الرؤية ويعيد الأمور إلى قواعدها ونصابها، وإننا على يقين بأن ذلك سيوصلنا إلى غير المكان الذي يريده د. مقصود. فإننا وإن كنا لا نوافقه الرأي فيما طرح من نظريات ومقترحات للخروج من الأزمة المستعصية للأسباب التي سبقت، إلا أننا نقدر فيه الرؤية الاصلاحية المثالية التي تطرق لها، لنؤكد مجدداً أنه طرح بغير محله لكون "النظام الرسمي العربي" اسماً لغير المسمى والرؤية الاصلاحية المثالية يلزمها الأرض الصالحة للتطبيق..

مع أصدق التحية والاحترام.

مركز التراث العربي / بمثل هؤلاء ننتصر..

2010/04/10

من موقع المسؤولية الذاتية، كمغترب عربي، كان لي شرف تأسيس مركز التراث العربي في كندا بإرادة ثابتة بعد استطلاع الرأي ونضوج الفكرة. أما الغاية من إيجاد مؤسسة تعنى بالتراث العربي، كانت ولا تزال إحياء ونشر الإبداعات الثقافية والتراثية العربية التي كان لها الأثر البالغ في حضارة بني الانسان. وكان هذا خلال العام 1997 حيث تضافرت جهود البعض من مثقفي العرب لمواكبة المركز في انطلاقته والمشاركة في نشاطاته المتعددة التي كان لها الوقع الحسن في صفوف الجاليات العربية كما في المواقع الرسمية الكندية البلدية والإقليمية والفدرالية. ولا يخفى ما لنشر التراث في بلاد الاغتراب من أهمية لما يعزز حضورنا بين مختلف المكونات والشرائح الاجتماعية، لكونه يلقي الضوء على إنجازات حضارية لا تحصى.
وبالرغم من هذه المحاولة التي تعتبر بديهية في بلد متعدد الثقافات والحضارات، لا يزال هناك وللأسف، من يشكك

في هذه الأهمية. فمنهم من يقول: لماذا العودة إلى الوراء والتفتيش في خبايا الماضي على مآثر قديمة لننشرها اليوم في عالم التقدم الصناعي والتكنولوجي؟ هذا تخلف واضح ولن يخدم قضايانا بشيء.. وآخر يقول: إن الإبداع العربي معطل منذ زمن بعيد ولم يعد يقوى على مجاراة التطورات الحاصلة في العالم اليوم. فمن الأفضل عدم إثارة الموضوع بممارسات تراثية أو ثقافية نحن بغنى عنها، لأنه سيكشف عن جهلنا لما وصل إليه العالم من تقدم وتطور.

وللرد على المشككين نقول: نوافقكم الرأي بأنه علينا أن نجاريَ العصر في تقدمه وتطوره. ولكن علينا أن نعمل أيضاً بخطى واثقة ومن منطلقات مبدئية ثابتة، تكفل استمرارنا في صناعة التراث، فلا يمكن القفز إلى المستقبل إن لم تطأ أقدامنا أرضاً صلبة، ولا يمكن أن يكون لنا تراث من العدم.. إننا نعمل، ليس بمزاجية طارئة، بل بما تمليه القواعد الأساسية والممارسة. ونشارك الفيلسوف الفرنسي تيار ده شردان الذي قال: "من ليس له ماضٍ، لا حاضر له ولن يكون له مستقبل"..

هذا من جهة، أما من ناحية القول بأن الإبداع العربي معطل اليوم، فهو قول مرفوض جملة وتفصيلاً.. والبرهان على ذلك الدراسة المعمقة التي هي بحوزتنا في مركز التراث وقد قام بالمراجعة والتنقيب والإشراف عليها صديقنا

العلامة الدكتور يوسف مروه. وتشير هذه الدراسة إلى المتفوقين من الجنسيات العربية المختلفة وقد تعدى عددهم الألف ومعظمهم من المعاصرين الأحياء بحسب ما تشير إليه الدراسة وقد دلت إلى عناوينهم وأماكن إقامتهم. وينتمي هؤلاء إلى فئات مختلفة من فلاسفة ومخترعين ومكتشفين وواضعي معادلات ونظريات مبتكرة في الرياضيات والعلوم والطب، والفيزياء والفلك وغيرها.. وإذا أجيز لنا تصنيف هؤلاء العباقرة المتفوقين نقول: إنهم صانعو التراث العربي في العصر الحديث.. حتى أن الكشف عنهم يعتبر عملاً تراثياً متفاعلاً، لأن التراث لا يتوقف عند زمن معين، بل هو مستمر مع استمرار الجنس البشري على اعتبار أنه مساهمة فاعلة في الحضارة الانسانية. وهنا يكمن فخرنا واعتزازنا بإنجازات مبدعينا.

ومثال هؤلاء المتفوقين المبدعين اثنان من أبناء الجالية العربية في تورنتو، يعيشان بيننا ومعنا ولكل منهما الباع الطويل والانتاج الوفير في العلوم والتكنولوجيا وقد سجل باسم كل منهما عدد من الاختراعات والنظريات وكانت لمساهماتهما وابتكاراتهما البصمات النافرة في الحضارة الإنسانية التي يفاخر بها الغرب.. هذان المبدعان هما الدكتور يوسف مروّه والدكتور جوزيف دابله.

د. يوسف مروه: أبدع في مجال "الفيزياء النووية" وكانت له فيها نظريات جديدة يمكن استخدامها في تطبيقات تتعلق بتقنيات الانشطار والاندماج النووي.

- ابتكر نظرية ترتكز على معادلة جديدة تفسر الكون بعناصره المادية والروحية، خلافاً لنظرية آينشتاين القائمة على الوحدة المادية حصرياً. كما ابتكر نظرية جديدة في هندسة الأوضاع (طوبولوجيا).

هذه وكثير غيرها من النظريات والابتكارات والدراسات سجلت باسمه في كل من كندا والولايات المتحدة الأميركية ولا تزال أعمال الدكتور مروه محفوظة في سجلات المراكز والمختبرات العلمية التي عمل فيها.

د. جوزيف دابله: كانت باكورة اختراعاته، وهو الذي يحمل دكتوراه في هندسة الكهرباء، نقل الطاقة الكهربائية تحت الأرض بدلاً من الخطوط التقليدية، ما يوفر 30 في المئة من الكلفة.

أما الإبداع الأكثر أهمية فكان في اختراعه لما أسماه "زراعة القلب الذري" وهو عبارة عن تطبيق ابتكار لإصلاح المحطات النووية بالاستناد إلى خبرته في الطاقة المغناطيسية. وأنجز دابلة إصلاح المحطات النووية الخمس في كندا حيث وفر على الشركة مليارات الدولارات.

هذا وعلى جدول أعمال الدكتور دابله عدد من الاختراعات والنظريات الموضوعة بانتظار أن تتحقق تباعاً.

فإلى المشككين الذين يجهلون تلك الحقيقة نقول: إن كنتم لا تعرفون أو لا تقرؤن التاريخ فهذا شأنكم، أما الشمس وإن غلفتها أردية الضباب، لن تمسيَ رماداً.. فلا بد للضباب أن يتبدد!
أما بالنسبة إلى هذين العالمين العملاقين، فنرفع لهما القبعة إكباراً وإجلالاً. فبمثلهما نعتز ونفاخر.. وبمثلهما نواجه التحديات الحضارية وننتصر..

فلسطين.. التحديات المصيرية في ظل الواقعية العربية..

2010/05/05

من الملاحظ، أنه بعد اغتصاب الأرض الفلسطينية على أيدي الصهاينة ـ عام 1948 ـ الذين أداروا الظهر للقيم الانسانية التي تقوم عليها شرعة حقوق الانسان، والقواعد الاجتماعية التي تنظم العلاقات الأدبية والقانونية بين أعضاء الأسرة الدولية تحت مظلة هيئة الأمم المتحدة.. من الملاحظ كيف اجتاحت العالم العربي ثورة عارمة على العادات والتقاليد القائمة، حتى الثوابت الوطنية منها، بتوجيه من الصهيونية العالمية بهدف توجيه الأنظار عن الجرائم التي ارتكبتها، ولا تزال، بحق الشعب الفلسطيني الآمن، وإعطاء كل جديد خارج عن المألوف تبريراً مضللاً باسم الحداثة أو التطور أو الثورة على القديم الذي لم يعد صالحاً لمجاراة العصر "الحديث" في تقنيته ونظرة الانسان فيه إلى الكون والحياة. وكأن التبشير بالحداثة هذه دعوة لنا إلى الاقلاع عن قيمنا وتراثنا وثوابتنا، وفي طليعتها التخلي عن حقنا القومي في مواجهة الانحلال الاجتماعي

والانحراف الوطني الحاصلين، ليتمكن المحتل من مصادرة مواردنا الطبيعية والتحكم بقراراتنا المصيرية بعد إحكام السيطرة على الأرض الوطنية..

لم تتمكن الحركات الوطنية في المشرق العربي، رغم المحاولات المتعددة، من الوقوف بوجه التيار الاستعماري الآخذ باجتياح المنطقة بوسائله العدوانية كافة حتى تمت تجزئة القضية القومية بعد أن تمت تجزئة الوطن إلى كيانات متعددة متضاربة المصالح.. وأسوأ ما ظهر في تلك المرحلة، هو تخاذل المؤسسات الطائفية وقبولها بالتقسيمات التي وضعها المستعمر بالإضافة إلى اعتراف المنظمة الدولية باستقلال هذه الكيانات وتثبيتها نهائياً حيث وضعت فيما بينها، بالإضافة إلى الحدود الجغرافية، حدوداً إدارية تضمن عدم تدخل الواحد بالآخر بموجب القوانين الدولية، فقطعوا بذلك الطريق على المطالبين بالوحدة والسيادة القومية. وهكذا تم لاحقاً تفسيخ القضية الوطنية الكبرى، فأصبحت المسألة الفلسطينية "قضية" الشعب الفلسطيني ومسألة الجنوب اللبناني "قضية" الشعب اللبناني ومسألة الجولان "قضية" الشعب السوري والحرب على العراق قضية ومعاناة الشعب العراقي. ومن المؤسف أن عدداً كبيراً من المثقفين والمفكرين قد تخلوا عن خطهم النضالي وارتموا في أحضان التنين.. وبدلاً من أن يسمى سلوكهم هذا تخاذلاً أو انحرافاً، فقد سمي بسلوك "الواقعية" الذي لا يعني شيئاً غير الاستسلام والخضوع للأمر الواقع.

ولا شك أن من تابع الأحداث التي كانت تجري على كيانات الهلال الخصيب أو المشرق العربي، يتذكر كيف تم القضاء على الأصوات

الوطنية التي كانت تنتقد الهيمنة الاستعمارية وتطالب برحيل الجيوش الأجنبية عن البلاد، حتى انتهى بنا المطاف إلى نيل "استقلال" مزيف كان بمثابة الضربة القاضية لإخماد كل حركة تبشر بالنهضة القومية ووحدة الأرض والشعب. ونذكر في هذا المجال الحركة القومية الاجتماعية وعصبة العمل القومي وحركة القوميين العرب والمجمع العلمي العربي وكثيراً غيرهم.. والملفت للنظر أن كلاً من هذه الحركات كانت تلقى الصدى المردد والقبول الصادق من القواعد الشعبية لأنها كانت تعبّر عن تطلعات وطموحات الشعب في نيل الاستقلال الوطني، ما حدا بالدول الغربية المستعمرة إلى أن تخطط لتقليص وإزالة دور تلك الحركات، والمحاولات جارية منذ ذلك التاريخ للقضاء عليها نهائياً.. وكان للاضطهاد الذي لقيه بعض المنادين بالحرية والاستقلال دور كبير في انحرافهم عن الخط الوطني والالتزامات القومية، فراحوا بالهرولة والهذيان يفتشون عما ينسبون إليه عملهم ـ مع الاحتفاظ بالعنجهية العربية ـ فلم يجدوا غير كلمة "الواقعية". لقد سقط هؤلاء في مستنقع "الواقعية" وخضعوا للأمر الواقع الذي فرضه أعداء الأمة على شعب متعطش للنضال من أجل الحرية، كاد أن يثور وينتصر..

وها نحن اليوم، بعد مرور ستين عاماً أو أكثر على السقوط في أحضان "الواقعية" أو "الاستقلال" (لا فرق)، نواجه الانحدار والانحلال في أعلى درجاتهما:
ـ نطالب بتقسيم الكيانات (القاصرة) بعد أن كنا نطالب بالوحدة القومية وضم هذه الكيانات إلى بعضها البعض..

ـ نشجع على العصبية الدينية والقبلية بعد أن اجتزنا مراحل متقدمة في نبذ الطائفية والمذهبية..
ـ الارادة الأجنبية تمسك بالقرار الوطني وبالأذناب التي تنفذ القرار..
ـ نشتم ونتهم ونخوّن ونتكاذب طوال النهار على مرأى من عيون الشعب، وفي المساء نتعانق ونتصالح ونقبل الوجنتين وما "ملكت أيدينا"..
ـ كانت فلسطين قضية العرب الأولى، فأصبحت اليوم مشكلة العرب الأولى. أما القضية فتتأرجح بين حماس والسلطة حتى إشعار آخر..
ـ الدعوات القومية لم تعد مقبولة لدى المناضلين المثقفين بحجة أنه تعداها الزمن. أما تفسير هذه المقولة، فإنني أتركه إلى أهل الاختصاص "الواقعيين"، لأنني بصراحة لا أفهم ماذا يقولون..
ـ كشف تقرير القاضي ريتشارد غولدستون في العام الماضي عن دور الصهيونية في تبني الكيان الاسرائيلي، كما رفع الغطاء عن جرائم الحرب وخروقات القانون الدولي والانساني خلال العدوان على قطاع غزّة. ولكون التقرير يفضح الموقف الصهيوني، تهجمت إسرائيل على التقرير وعلى رئيس لجنة التحقيق، مع العلم أن غولدستون هو يهودي أباً عن جد.

وكيف كانت ردة الفعل العربية على هذه المواقف العدوانية المكشوفة بغير التعامي والتخاذل؟ لا شيء بالطبع لأن الواقعية العربية تأبى، وللأسف، أن ينسب إليها مثل هذا "العصيان والتمرد" على إرادة الوصي..

هذا نموذج صغير عن حالة مرضيّة كبيرة يعيشها الوطن بعد أن تمكنت منه البعثات الدبلوماسية (الاستعمارية) والارساليات التبشيرية (الدينية) والإيديولوجيات الواقعية (الاستسلامية)..

ويبقى السؤال الأكبر: فهل نقاوم العدو المتربص بحقنا وأرضنا، بسلاح الواقعية التي انطبعت في نفوس الغالبية العظمى من أبناء شعبنا؟

هل تساعدنا مثل هذه الواقعية على استرجاع الأراضي المغتصبة في فلسطين والشام والعراق. وهل تحفظ لنا سيادتنا على أرضنا وحقنا في مواردنا الطبيعية؟

إنها مسألة في غاية الخطورة: فإن لم نخرج من هذا المستنقع وننفض عن ذواتنا غبار الانهزام والاستسلام، فلا سبيل لمواجهة التحديات المصيرية..

إلى سيادة المطران غريغوار حداد

يوم انتقاله إلى دار الخلود..

سيدي.. أيها المعلم البتول..

2015 /12/27

لن أودِّعَك اليومَ وكأنك تمضي
إلى خلف جدار الأبدِ
تعباً من الترحال..
لا.. ولن أعددَ فيك المزايا والخصال..

لن أعترضَ على قضاء الله وقدره
بالثورة والنكران..
فما كنتُ يوماً بكافرٍ..
أما وقد توقفَ القلبُ في صدرك

عن الحركة والخفقان..
فلأنك لم ترحمْه سيدي
بل أثقلتَ حمولته بالحب والحنان
وجعلت منه مناراً محرّضاً
"لينموَ الإنسانُ وكلُّ الإنسان"..
وكان لا بدَّ أن ينتفضَ تعباً ثم يهوي
حين تدقُّ الساعة في عمر الزمان..

لأنك آمنتَ بالإنسان وبالوطن،
وحملتَ لواءَ الحرية..
لأنك طالبتَ بدولة تحضنُ الأديان
بديلاً عن الطائفية..
لأنك فضحتَ أصحابَ العماماتِ
في "التعددية الحضارية"
ونشرتَ فكراً يطالهم في مكاسبَ دنيوية..

من أجل كل هذا سيدي
اتهموك بالكفر جهاراً
وتنكروا بقناع الأنبياء..
ولتبرير فِعلهم تساءلوا:
كيف يجنحُ من تسلم رعايةً
كيف يكفرُ من يرتدي زيّ السماء؟

العهد والوعد لك أيها المعلم البتول..

لن نتمرّدَ أو نثور..
بل سنستنكر ونعمل بتوجيهك الدائـم،
بالمعذرة، بالمغفـرة
بالمحبة والوئام..

إنه القهر والمكر معاً في تقاليد المعتدين..
ولو كان المحرِّضُ بيننا
في عداد المستنكريـن..

سنقف إلى جانبك لنردد معك:
أغفر لهم يا أبتاه..
فإنهم لا يدرون ماذا يفعلون..

أيا سيدي ومعلمي..
ماذا عساي أن أقولَ اليومَ
وقد ضجّ في صدري الكلام..
شباب لبنان في وداعك يبشرون
بولادة الانسان الجديد..
إنه الانتصار الحق
لثورتـك.. وتعاليمـك..
سأكتفي بتحيتك وأعلنُ نجاحَ مهمتك،
فقد أتممت اليوم رسالتك.
فهنيئاً للبنان وهنيئاً لك..

➤

سعيد تقي الدين
في الذكرى الستين على رحيله

2020/ 11/ 15

في الذكرى الستين على وفاة الأديب اللبناني المبدع والكاتب الساخر سعيد تقي الدين، الذي رحل إثر نوبة قلبية في مستهل اغترابه الثاني في جزيرة سان أندروز – كولومبيا، في 9 شباط عام 1960.

ستون عاماً انقضوا على رحيله من دون أن يقال فيه كلمة، ولو بذكر عابر، وهو الذي ملأ الدنيا في الخمسينات من القرن الماضي، ببديهته المدهشة وأدبه الساخر ومسرحه الرافض، وقد خاض معارك سياسية طويلة في مواجهة الفساد المستشري الذي كان يغطيه الإقطاعان السياسي والطائفي، هذا الثنائي الذي كان ولا يزال يتحكم برقاب العباد بمظلة الغرب المتسلط على القرار الوطني.

سعيد تقي الدين.. هو ليس للكلام عنه عرضاً! بل للتوقف عنده تأملاً ودراسةً واستنتاجاً، لأنه المدرسة التي أراد أعداء الفكر والنهضة طمس معالمها تأثراً بغيهم وارتباطهم بمكنونات الجهل والتخلف من

ناحية، وخوفاً من عاقبة فعلهم أو عقاب الوصي العابث بأدبنا وتراثنا الوطني من ناحية ثانية.

ولماذا تسدل ستار الحقد على أدب سعيد تقي الدين من مراجع رسمية وأهلية وهو الذي اعتبر، بنظر كل من تسنى له التعرف عليه بشخصه أو بأدبه، ثورةً فكريةً وفتحاً جديداً في مواجهة الواقع المتردي الذي كان يعيشه لبنان والمنطقة ولا يزال.. قبل الإجابة على السؤال وعرض الأسباب التي حالت دون "تسويق" وتكريم هذا الأديب العملاق، لا بد من إلقاء نظرة سريعة على سيرته، القصيرة نسبياً، وما رافقها من مواقف ومحاولات إصلاحية انعكست في مؤلفاته نقداً موضوعياً لاذعاً في اتجاهات أدبية وسياسية متعددة.

أولاً: السيرة

ولد سعيد تقي الدين في بلدة بعقلين ـ لبنان عام 1904. درس في المدرسة الأنطونية خلال الحرب العالمية الأولى ثم انتقل إلى الـ "انترناسيونال كوليدج" في العاصمة بيروت عام 1918 حيث تابع دراسته الثانوية ليلتحق فيما بعد بالجامعة الأميركية إلى حين تخرجه عام 1925. وفي كانون الأول من العام ذاته هاجر إلى الفليبين حيث عمل في حقل التجارة من دون أن يتوقف عن الانتاج الأدبي والمسرحي. وفي العام 1948 عاد إلى لبنان لينهي اغترابه الأول الذي دام ثلاثة وعشرين عاماً.

استقر سعيد في لبنان بين عامي 1948 و1958، لينصرف كلياً إلى الكتابة والعمل السياسي حتى تاريخ مغادرته الوطن في 9 أيلول 1958 إلى المكسيك ومنها إلى جزيرة سان أندروز في كولومبيا، ليبدأ اغترابه الثاني بعد أن أنهى تأليف كتابه الأخير بعنوان "أنا

والتنين" الذي صدر بعد وفاته. ولم يطل هذا الاغتراب عليه كسابقه بل تمكن منه "التنين" الذي كان يصارعه سعيد طيلة حياته، ورحل في التاسع من شباط 1960 وهو لم يكن قد بلغ السادسة والخمسين من العمر، تاركاً وراءه إرثاً أدبياً رائعاً في مضمونه الغني وأسلوبه الإبداعي.

ثانياً: النتاج الفكري والأدبي

توزع نتاج سعيد تقي الدين الفكري والأدبي بين المسرح والقصة القصيرة والمقالات السياسية والأدبية والصحافية. وقد كان بارعاً مبدعاً في سائر هذه الفنون.

1 ـ المسرح السياسي

في بحث للكاتب الصديق جان دايه، (وهو أفضل من قدم سعيد تقي الدين إلى جمهور القراء من خلال أبحاثه ودراساته الميدانية) يقول: "في ختام عام 1923 الدراسي، رفض سعيد تقي الدين ـ وكان في الثامنة عشرة ـ الاشتراك في تمثيل مسرحية "الفارس الأسود" المترجمة، على خشبة مسرح الوست هول التابع للجامعة الأميركية في بيروت، ولسان حاله يقول: "نحن نخلق مسرحنا حين نخلق مسرحياتنا".

وقد عمل سعيد بالفعل بتصميم واثق ليخلق المسرحية الوطنية، خلال صيف 1923 الذي أمضاه في مدينة بعلبك حيث كان والده الشيخ محمود تقي الدين قائمقاماً، فألف باكورة مسرحياته بعنوان "لولا المحامي" التي طبعتها جمعية العروة الوثقى وقدم لها الشاعر الكبير

خليل مطران. والجدير بالذكر أن سعيداً كان قد انتسب إلى الجمعية (داخل الجامعة الأميركية) عام 1921 وتولى عدة مسؤوليات فيها إلى أن أصبح رئيسا لها ورئيساً لتحرير مجلتها "العروة الوثقى" عام 1923.

وكانت المسرحية الثانية عام 1925 بعنوان "قضي الأمر". أما المسرحية الثالثة "نخب العدو"، فقد كتبها في مانيلا عام 1937 وطبعت في بيروت عام 1946 مع مجموعة قصص قصيرة بعنوان "الثلج الأسود". وفي العام 1944 نشر المسرحية الرابعة بعنوان "الدروب الموحشة" وعام 1948 المسرحية الخامسة بعنوان "حفنة ريح". وأصدر في العام 1952 مسرحية "المنبوذ" التي نالت جائزة "جمعية أهل القلم".

كانت نشأة المسرح السياسي في لبنان مع عرض مسرحية "البخيل" التي ترجمها واقتبسها مارون النقاش عام 1847 (يذكر أنه قدمها في حديقة منزله). وقد برز فيما بعد عدد من المسرحيين الذين شغفوا بهذا الفن لكنهم لم يستطيعوا احترافه لأنه كان مكلفاً في ذلك الوقت، ومنهم على سبيل المثال: سليم النقاش، أديب اسحاق، يوسف خياط، سليمان القرداحي وغيرهم. وبقي الفن المسرحي مغيباً عن دائرة الفنون حتى مطلع القرن العشرين حيث ارتبطت نشأته بتطور الحركة المسرحية في الغرب خاصة في ألمانيا بعد الحرب العالمية الأولى. فقد اتجه العديد من المسرحيين إلى استخدام وسائل فنية مستحدثة للتعبير عن الموجات الفكرية والسياسية في ذلك الوقت وفي مقدمة هؤلاء إيروين بيسكاتور الذي أصدر كتاباً عام 1929 حمل اسم "المسرح السياسي" وهو يعتبر الرائد في هذا المجال.

أما في لبنان، فقد كانت هناك بعض المحاولات الخجولة إلا أنها لم تظهر إلى العلن باستثناء مسرحية "لولا المحامي" عام 1923 لمؤلفها سعيد تقي الدين، والتي كانت فاتحة لنشأة المسرح السياسي الوطني وقد استتبعها عدد من المسرحيات، كما مر معنا آنفاً. لذلك يمكن القول وبكل تأكيد أن المسرح السياسي اللبناني بدأ مع سعيد تقي الدين، ومن المستغرب أن يهمل المؤرخون والمسؤولون في لبنان ذكره، وإن لهذا الأمر أسباباً سنبينها لاحقاً.

2 ـ المقالات الصحافية والقصص القصيرة

خلال العام 1921، نشر سعيد تقي الدين العشرات من المقالات والقصص القصيرة في بعض الدوريات البيروتية والعربية ومنها "المعرض" لميشال زكور و"المرآة الجديدة" لجوليا طعمة و"البرق" للأخطل الصغير. وفي عام 1946 أصدر مجموعة قصص قصيرة بعنوان "الثلج الأسود" ومجموعة أخرى عام 1948 بعنوان "موجة نار".

انتخب سعيد تقي الدين عام 1948 رئيسا لجمعية خريجي الجامعة الأمريكية، ثم أعيد انتخابه لدورة ثانية. خلال رئاسته تم بناء نادي الخريجين وأصبحت مجلة الجمعية "الكلية" التي رئس تحريرها وكتب افتتاحياتها بمصاف الدوريات الإنكليزية المرموقة.

بين 1947 و1950، نشر العديد من المقالات في بعض الدوريات البيروتية وفي طليعتها جريدة "بيروت" لصاحبها محيي الدين النصولي و"بيروت المساء" لعبد الله المشنوق و"الصياد" لسعيد فريحة و"الحياة" لكامل مروة. أصدر في العام 1951 كتاب "غابة الكافور" وفي العام 1954 كتاب "ربيع الخريف". وفي الكتابين مجموعات من القصص القصيرة.

3 ـ المقالات الأدبية والسياسية

ـ انتمى سعيد تقي الدين إلى الحزب السوري القومي الاجتماعي في تشرين الأول عام 1951 وأصبح بعد أقل من عامين منفذا عاما لمنفذية بيروت. وفي العام 1952 قدم مسرحية "المنبوذ" التي نالت جائزة "جمعية أهل القلم" كما ذكرنا آنفاً، وهي من وحي العقيدة القومية الاجتماعية.

ـ انتمى إلى جمعية "أهل القلم" الأدبية في العام 1954 وأسس "لجنة كل مواطن خفير" وتولى رئاستها.

في العام 1955 أصبح عميدا للإذاعة في الحزب القومي وتولى الدفاع الإعلامي عن الحزب إثر مصرع الضابط عدنان المالكي في دمشق وحكم عليه بالإعدام غيابيا.

ـ أصدر في العام نفسه (1955) كتاب "سيداتي سادتي" وهو مجموعة خطب، وكتاب "تبلغوا وبلغوا" الذي تضمن مقالات عقائدية وسياسية قومية اجتماعية.

ـ أصبح عميدا للخارجية في الحزب القومي عام 1956. وفي العام 1957 أصدر مجموعة مقالات أدبية واجتماعية بعنوان "غبار البحيرة" وأخرى بعنوان "رياح في شراعي". كما أصدر في العام نفسه ثلاثة كراريس بالإنكليزية بعنوان Arab World "العالم العربي" وضمّنها نقداً لاذعاً للإنكليز والأميركيين واليهود والنظام اللبناني وبعض رموزه. وقد صدر كتابه الأخير بعنوان "أنا والتنين" عام 1960 بعد وفاته كما مر معنا، وهو يتضمن بعض الجوانب من تجارب واقعية وأحداثٍ رافقها قبيل رحيله إلى كولومبيا.

من الفلبين إلى كولومبيا مروراً في لبنان...!

في مراجعة لسيرة أديبنا الكبير، في الوطن والاغتراب، يتبين لنا أن المرحلة الذهبية في حياته الفكرية والأدبية والحزبية كانت بين العامين 1948 و1958 أي من تاريخ عودته من الفلبين إلى تاريخ مغادرته إلى كولومبيا. عشر سنوات تزدحم بالإنتاج الأدبي والمسرحي والتوجيهي. لقد هاله، بعد عودته من الفليبين، ما يدور على أرض الوطن من فساد وجهل وعمالة لمصلحة العدو الاسرائيلي. هذا العدو "المقنع" الذي عرف كيف يخترق مجتمعاتنا العربية ويستمر في استغلالها لتثبيت قدميه على الأرض التي اغتصبها في فلسطين ومنها لتنفيذ الخطة التوسعية في المنطقة على حساب أرضنا وإنساننا. لقد أدرك سعيد منذ اللحظة التي وطأت قدماه أرض الوطن أنه سيكون في مواجهة شرسة مع أعداء الأمة وعملائها في الداخل.

وكانت الأداة التي استخدمها سعيد للمواجهة سلاحاً حضارياً وإن كانت ممارسات الأعداء همجية. فقد استغل وجوده في مختلف المؤسسات التي يرأسها ليجعل منها منبراً إعلامياً فاعلاً: فمن جمعية خريجي الجامعة الأميركية إلى جمعية أهل القلم الأدبية، إلى لجنة "كل مواطن خفير" التي أسسها وتولى رئاستها عام 1954. كذلك فعل من مواقعه المتعددة في الحزب السوري القومي الاجتماعي كمنفذ لمنفذية بيروت وعميد للإذاعة ثم عميد للخارجية. أضف إلى ذلك مقالاته السياسية التي كانت تنشر في الدوريات البيروتية مثل مجلة "الكلية" وجريدة "بيروت" و"بيروت المساء" و"الصياد" و"الحياة" وغيرها.

عشر سنوات قضاها سعيد في لبنان قبل أن يغادر في رحلة اغترابه الثاني القصيرة. عشر سنوات تضج بالأحداث المثيرة وتختصر

سيرة الرجل الكبير الذي لم يطأطئ رأسه إلا لقدره في كولومبيا. حكم عليه في دمشق بالإعدام مرتين. وقد لاحقه المكتب الثاني السوري في لبنان طوال سنوات (1955 - 1958) كما لاحق رفيق عمره غسان جديد. نجح العملاء في اغتيال غسان، ولكنهم لم يتمكنوا من سعيد الذي كان يتنقل متخفياً من مكان إلى آخر، ليفوت الفرصة على مضطهديه ومطارديه. وما لبث أن قرر الرحيل إلى كولومبيا وغادر لبنان في 9 أيلول عام 1958.

من هنا، نتبين كيف كانت إقامته القصيرة في لبنان، هي الألمع والأكثر كثافةً في أحداثها لما تضمنته من إبداع فكري وأدبي ومواقف إنسانية نادرة وكفاح وطني لا يهدأ. ولهذا اخترت عنوان هذه الفقرة من البحث للإضاءة على هذه الفترة المشرقة حيث قلت:

من الفلبين إلى كولومبيا مروراً في لبنان..

ثالثاً: الخصائص المميزة في أدب سعيد تقي الدين

إن الميزة الأساسية في أدب سعيد تقي الدين، هي تلك البديهة الحاضرة والسخرية الدائمة اللتان تغطيان الحيّز الأوسع من نتاجه الأدبي المنوع. ولم تأتِ السخرية في كتاباته للترفيه عن القارئ، وإنما استهدافاً لبلورة فكره أو فكرته سلباً أو إيجاباً، بقالب مشوق من المبالغة والعمق مصحوب بكثير من خفة الدم والحكمة بحيث يثير الإحساس من أعماقه ويبعث على الشفاه ابتسامة الإعجاب والرضى.

ومثال ذلك ما أورده سعيد في العام 1955 إذ قال: "إن تركيا واسرائيل تكمل احداهما الأخرى اقتصاديا وكانتا حليفتين أو ما

يقارب ذلك سواء في التصويت في مجالس الأمم المتحدة أو في تغيير شارات "صنع في اسرائيل" وتحويلها إلى "صنع في تركيا" من أجل تسهيل تهريب المنتجات الإسرائيلية إلى أسواقنا.

وتركيا، وهي قوة استعمارية سابقة، كانت قد ضمت إليها سنة 1936 أقساماً من شمال سوريا. ومبعوثوها مشغولون الآن في حلب وأماكن أخرى بالتبويق: "سوف نعود". (كم ينطبق هذا على الواقع الحاضر).

وتجد الأسلوب ذاته فيما نشره سعيد عن لجنة "كل مواطن خفير" ومنها: "منذ اسبوعين جاءني صاحب معمل. فقال لي وصوته يرتجف إن في بيروت معملاً يملكه يهود من "إسرائيل" وإنه يقدر أن يثبت ذلك. فقلت تفضل واكتب لي تقريراً فاصفر وجهه واعتذر. قلت، قل لمحاميك أن يكتب تقريراً فانصرف واعداً بذلك وهو يتطلع إلى الوراء إن كانت هنالك أشباح تطارده.

مما الخوف؟ هذه بلادنا – بلادنا المستقلة السيدة. هذه بلادنا وحفنة من خونة وعمال لليهود نقدر أن نطيرهم بعطسة.. "ولكن يجب أن نتعلم كيف نعطس".

ومثل هذا الأسلوب زخر به أدب سعيد تقي الدين حتى في "رفات جناحه" القصيرة، حيث يقول في إحداها: "رجل أبيض دخل ألاسكا ظنه الأسكيمو من الآلهة. وبعد أسابيع طلب امرأة يضاجعها فتحقق الأسكيمو أن الرجل الأبيض ليس من الآلهة بل "أخو شليتة.. إنسان."

وفيما يلي بعض الأمثلة على ما ورد في خواطره القصيرة التي جاءت تحت عنوان "رفة جناح":

ـ "أفصح ما تكون به القحباء، حين تحاضر في العفاف".

- "لو أردت اغتيال عدو لا تطلق عليه رصاصة، بل اطلق عليه إشاعة".
- "فرح الحمار حين ربطوه في اصطبل الحصان، فأكل في معلف الجواد ولبس سرجه ثم شاء أن يظهر فرحه فنهق ولم يصهل".

إن أهم ما يثير فيك الدهشة وأنت تقرأ سعيد تقي الدين، ذلك التناسق العجيب الذي يربط به فصول قصته أو أحداثها وأبطالها أو فقرات مقالته التي تضج بالحياة والحيوية. وكأن بهذا الربط المتقن ما يشد القارئ إلى الالتصاق بعالم الكاتب، فيشعر بنفسه قريباً منه وشاهداً حياً على ما يرى ويسمع ويتحسس.

***

لم يمسك سعيد تقي الدين في يوم من الأيام سلاحاً ليغدر به أو ليرد عنه تهجم المتبجحين المزيفين بقناع الوطنية. لكنه أمسك بقلمه الذي هو أمضى من السلاح ورشق بكلمات تعجز عنها الرصاصات. وكانت مقالاته التي تنشر في الدوريات البيروتية والدمشقية محط اهتمام الطاقم السياسي في لبنان وسوريا، والكل يترقب إن كانت ستنال منه شظاياها، لأن سعيد الكاتب، لا يرحم بكتاباته ولا يساوم في مواقفه وإن كان "الشيخ سعيد تقي الدين" ـ ابن بعقلين ـ هو سيد الآداب والمجاملة. من أجل هذا، أغرقته دمشق بأكثر من تهمة وحكمت عليه بالإعدام غيابياً أكثر من مرة، كما حاول أركان الحكم في لبنان إبعاده عن المواقع الإعلامية ليتخلصوا من هاجس انتقاداته وسخريته، (وخوفاً على فضائح قد تنالهم ربما..) ولكنهم لم ينجحوا. تلقى عروضاً من مراجع مختلفة ليتسلم مقامات رفيعة في الدولة، علهم يبعدونه عن دائرة الإعلام وظناً بأنهم يرضون فيه غروراً

لكنه رفض بشكل قاطع لأنه لم يرضَ بأن يكون جزءاً من النظام الطائفي الفاسد السائد، أو شاهد زور على ما يجري من خلاله من جور بحق المواطنين، مع العلم أن أربعة من أخوته توزعوا في "مزرعة" الدولة اللبنانية بين وزير ونائب وسفير ومدير عام. فكان خليل سفيراً، وبهيج نائباً ووزيراً لعدة دورات، ومنير مديراً عاماً ثم سفيراً، وبديع مؤسساً وعميداً لكلية الرياضيات في الجامعة اللبنانية. أما الشقيق الأصغر نديم، فكان يعمل في التجارة وعاش بعيداً عن الأجواء السياسية والاعلامية.

ذكرنا أن إقامة سعيد تقي الدين في لبنان بين الاغترابين، الفلبيني والكولومبي، كانت قصيرة نسبياً بالرغم من احتوائها على كثافة في الانتاج الأدبي والإبداع الفكري، كما كانت المدى الأوسع لكاتب كان يمكن أن يغني المكتبة العربية بكم أكبر من الذي تركه لكن سعيداً قرر مغادرة الوطن، ليس حباً بالسياحة والسفر أو هرباً من واقع مؤلم كان يزعجه، وإنما سعياً وراء عمل يؤمن له بعض المال لإيفاء ديونه التي تراكمت عليه في المدة الأخيرة، وليس من مورد له، من جراء تخفيه الدائم عن أنظار ملاحقيه المخبرين المكلفين باغتياله. وكان أن غادر إلى كولومبيا كما أشرنا في أيلول 1958 وتوفي في التاسع من شباط 1960.

***

نعود إلى التساؤل الذي أوردناه في بادئ هذا البحث لنكرر القول: لماذا تسدل ستائر الحقد على أدب سعيد تقي الدين.. وما ذنب هذا العملاق، الذي حلق في فضاء النسور، لتعبث بفكره وأدبه أقزام السراديب الجاهلة وخفافيش الليل القاصرة.. سنأتي حتماً على

الأسباب التي حالت دون تكريمه أو ذكر اسمه حتى في المجالات التي أبدع فيها. ولكن اسمحوا لي أن أشير أولاً إلى القصة التي ظهّرت أدب سعيد تقي الدين على يد الباحث والصحافي جان داية (وكان لي فيها دور بسيط) وجعلت دار النهار، حيث يعمل جان، تتحمس لتنشر آثاره الكاملة فيما بعد.

وتبدأ القصة عام 1966 حيث كنت طالباً في الجامعة اللبنانية ـ كلية الحقوق، الواقعة في محلة الصنائع في بيروت، مقابل مبنى جريدة النهار. وكانت معرفتي بالصديق جان داية آنذاك في بداياتها من خلال عملي الصحفي في مجلة "المجالس المصورة"، ومن خلال صديق مشترك هو الأستاذ بهيج أبي غانم الذي كان زميلاً لجان داية في دار النهار بالإضافة إلى كونه طالباً في كلية العلوم السياسية. في تلك المرحلة من العام 1966 كنت أعمل، إلى جانب كوني طالباً في سنة أولى حقوق، كمحرر لركن الطلبة في مجلة "المجالس المصورة الأسبوعية"، بالإضافة إلى رئاسة تحرير "وكالة اليقظة العربية للأنباء" التي هي عبارة عن نشرة أخبار يومية.

صادفت الصديق بهيج أبو غانم ذات يوم في باحة كلية الحقوق التي كنا نشترك فيها مع طلاب العلوم السياسية وقال لي أن جان دايه يرغب اللقاء بي لأمر هام وسألني إن كنت أمانع الفكرة من دون أن يذكر شيئاً عن طبيعة "الأمر الهام". فكان ردي بالموافقة طبعاً لما أكن للصديقين من ثقة ومحبة. وانتظرت اتصال جان الذي جاءني في نفس اليوم حيث جلسنا في كافتيريا الجامعة وأطلعني على مضمون المهمة باختصار وكان أن اتفقنا على اللقاء في اليوم التالي في منزلي الواقع على مسافة قريبة من الجامعة لنبحث بالتفاصيل.

وتتلخص المهمة بأن أجري اتصالاً بالنائب والوزير آنذاك الشيخ بهيج تقي الدين، شقيق سعيد، لتحديد موعد ومرافقة جان داية إلى لقاء معه. فاعتقدت لأول وهلة بأن جان يرغب في التعرف إلى الشيخ بهيج، بصفته السياسية، لإجراء مقابلة صحفية معه ونشرها في جريدة النهار، المكان الذي يعمل فيه. ولكن.. لماذا يختارني أنا بالذات لهذه المهمة، ثم أن دار "النهار" لا تحتاج إلى وساطة أحد للاتصال وتحديد المواعيد مع أي كان.. وسرعان ما اتضحت الصورة لأكتشف بأن بهيج أبي غانم كان صاحب فكرة تكليفي بالمهمة لمعرفته بالصداقة المتينة التي كانت تربط المرحوم والدي بالشيخ بهيج، وقد أشار على جان بتكليفي لترتيب موعد الزيارة ليقينه بأن والدي هو الذي سيكون عرّاب اللقاء هذا وسيكون للزيارة وقع مختلف متى كان الساعي إليها توفيق حميدان.

وهكذا كان. لم يمضِ أسبوع واحد حتى كنا على موعد مع الشيخ بهيج تقي الدين، تمام الساعة السابعة صباحاً في منزله الكائن في منطقة فردان من مدينة بيروت. وما أن دخلنا المنزل حتى سارع إلى استقبالنا مدير مكتبه السيد جورج صلبان الذي كان قد سبقنا إلى هناك ليحضر الاجتماع معنا بناء على طلب الشيخ بهيج. وكان لقاء وتعارف وأحاديث عامة.. قبل أن نتطرق إلى صلب الموضوع. لن ندخل بتفاصيل هذا اللقاء الذي يحتاج إلى بحث طويل مستقل لما تضمن من أخبار وقصص طريفة وسنكتفي بردة الفعل التي أبداها الشيخ بهيج لدى سماعه برغبة جان دايه في تأليف لجنة تكريم للراحل الأديب سعيد تقي الدين والذي كان قد مضى على وفاته ست سنوات من دون أن يذكر في وسائل الإعلام من قريب أو بعيد، على أن يكون النائب بهيج تقي الدين عضواً في اللجنة وممثلاً للعائلة.

قال الشيخ بهيج وقد هممنا بالانصراف: "اتركوا لي الموضوع ليومين أو ثلاثة وسأوافيكم بالقرار المناسب".

وقد جاءنا القرار المناسب بعد يومين بواسطة المرحوم والدي توفيق حميدان الذي أبلغني الخبر لدى عودته من زيارة للشيخ بهيج حيث قال بالحرف: "بلِّغ جان دايه تحيات الشيخ بهيج وشكره على فكرة تكريم الشيخ سعيد، غير أن الظروف الحالية التي تمر فيها البلاد هي غير مؤاتية لمثل هذا التكريم. ربما نعود إليه في وقت لاحق ".

لقد صدمني قرار الشيخ بهيج بتأجيل الحدث الذي كنت أنتظره بفارغ الصبر وكان جان دايه قد أطلعني على البرنامج الذي أعده للمناسبة. أضف إلى ذلك محبتي لسعيد تقي الدين الإنسان والأديب ولشخصيته الفريدة التي كان لي شرف التعرف إليها عن كثب خاصة في المرحلة الأخيرة قبيل سفره إلى كولومبيا أي خلال العامين 1957 و1958. ولا أخفي سراً وأنا أكتب عنه للمرة الأولى بعد مرور ستين عاماً على وفاته، أنه كان يقضي معظم أوقاته في منزلنا الخاص الكائن في العاصمة بيروت، وكأنه أحد أفراد العائلة، حيث كان يجد الأمان والاطمئنان نظراً لمحبته للمرحوم والدي وثقته به، تخفياً عن عيون عملاء المكتب الثاني السوري الذين كانوا يلاحقونه ليل نهار. وفي هذه الفترة تسنى لي السماع إلى أخباره الطريفة منه مباشرة، ومراقبة حركته الدائمة في القراءة والكتابة والتعليق على الأحداث اليومية التي كانت تنشر في الصحف وتذاع في نشرات الأخبار الإذاعية (على الراديو). وأكثر من كل هذا، "التدخين" المتواصل واحتساء القهوة المرة طوال النهار والليل دون توقف.

بصراحة، لم يعجبني موقف الشيخ بهيج في تأجيل الموضوع إلى وقت لاحق وإن كنت أوافقه الرأي باعتبار الظروف غير مؤاتية

(وسنأتي على تفصيلها). غير أنني لم أفهم كيف يؤجل تكريم أديب كبير بحجم سعيد تقي الدين بسبب الظروف الراهنة غير المشجعة في الوقت الذي تستباح فيه القيم الاجتماعية والحقوق الإنسانية ويسمح بالافتراءات والتعديات من كل نوع، في ظل ذات الظروف والأحوال..

الأسباب التي حالت دون تكريم سعيد تقي الدين

اجتمعت عدة أسباب لتحول دون تكريم سعيد تقي الدين وهي تشكل برأينا، الحالة العامة الاجتماعية والسياسية التي كانت قائمة في لبنان في ذلك الوقت (1966).

أولاً: اضطهاد المكتب الثاني اللبناني للحزب السوري القومي الاجتماعي بعد محاولة الانقلاب عام 1961.

قامت الفكرة التي أطلقها جان دايه لتكريم الأديب سعيد تقي الدين خلال العام 1966 أي بعد مرور خمس سنوات على محاولة الانقلاب التي قام بها الحزب السوري القومي الاجتماعي الذي كان ينتمي إليه سعيد. وفي ذلك الوقت كانت كبار شخصيات الحزب الفكرية والسياسية في السجون اللبنانية وكادرات الحزب شبه غائبة عن المسرح السياسي بعد عمليات القمع والاضطهاد التي قام بها المكتب الثاني وقد أوقف معظم القوميين، والقياديين منهم خاصة، ممن ثبت أو لم يثبت تورطهم في محاولة الانقلاب. وقد بدت المداهمات والملاحقات التي قامت بها القوات الأمنية في ذلك الوقت، وكأنها عملية انتقام من القوميين، أصحاب النظام العلماني الذي

يتعارض مع النظام الطائفي المعمول به في لبنان. وقد وافق على هذه التدابير التعسفية جميع الأفرقاء السياسيين في لبنان (المكلفين بموجب النظام الطائفي) لكونهم معنيين بالإقصاء وإنهاء دورهم إذا ما نجحت محاولة القوميين.

ويطرح السؤال هنا: كيف يسمح بتكريم عضو بارز في حزب يحاول الوصول إلى السلطة والإطاحة بالنظام الطائفي وأمراء الطوائف هم الممسكون بالسلطة والنظام..

ثانياً: بهيج تقي الدين عضو جبهة النضال الوطني.

في الوقت الذي طرح جان دايه فكرة تكريم سعيد تقي الدين على أخيه الشيخ بهيج عام 1966، كان كمال بك جنبلاط نائباً عن منطقة الشوف وشخصية بارزة على صعيد الحكومة نظراً للرابط القوي الذي كان يجمعه برئيس الجمهورية آنذاك اللواء فؤاد شهاب. وكان الرئيس يعول على تأييد جنبلاط للحكومة خاصة بعد محاولة انقلاب القوميين الذي تعرض لها عام 1961. وكان أن التقت مصلحة كل من الرجلين ضد الحزب القومي: الأول لكونه هدف الانقلاب الفاشل والثاني لكونه طرف الخصومة التي أفرزتها أحداث 1958 بين الحزب القومي الاجتماعي والحزب التقدمي الاشتراكي الذي يرأسه كمال جنبلاط. والجدير ذكره هنا أن بهيج تقي الدين كان حليفاً لكمال جنبلاط في جبهة النضال الوطني النيابية، وكان جان دايه قد علق أهمية كبيرة على هذه العلاقة الحميمة علها تساعد في فك الحصار عن أدب أخيه سعيد الذي بات، ليس وقفاً على آل تقي الدين وحسب، بل ملكاً عاماً لجميع اللبنانيين. ولكن "حساب الحقل لم يكن مطابقاً

لحساب البيدر" مما اضطر الشيخ بهيج إلى الاعتذار والتحفظ والتذرع بالظروف غير المؤاتية لتكريم أخيه سعيد تقي الدين. أما الدافع للاعتذار، بتقديري الشخصي، لم يكن بسبب الظروف غير المؤاتية وإنما لكون الشيخ بهيج لم يقدم فعلاً على مصارحة جنبلاط بالأمر لأنه كان يعرف مسبقاً بأن طلباً كهذا لن يوافق عليه كمال بك منعاً لإحراج الرئيس فؤاد شهاب وحفاظاً على موقعه السياسي. وهكذا تجنب الشيخ بهيج الاصطدام برئيس جبهة النضال الوطني النيابية لكي يحفظ رأسه ويضمن عودته إلى المجلس النيابي. "أما تكريم المفكر والأديب الكبير سعيد تقي الدين، فهو أمر ثانوي يمكنه الانتظار".

ثالثاً: الرأي العام الموجه ضد الحزب القومي الاجتماعي.

كانت القيادات السياسية (الطائفية) في لبنان تعمل ضد الحزب القومي الاجتماعي منذ اليوم الأول لتأسيسه عام 1932. وكان السبب الرئيسي لهذا العداء مبادئ الحزب نفسها التي قامت على أسس علمانية متطورة تجاوزت منطوق الإقطاع الطائفي ودعت إلى فصل الدين عن الدولة وإزالة الحواجز بين مختلف الطوائف في تمهيد لقيام الدولة العلمانية التي تساوي بين مواطنيها وتحضن جميع الطوائف والمذاهب حيث يولد فيها الانسان الجديد الذي ينتمي إلى وطن وليس إلى طائفة. وقد تعرّض الحزب خلال مسيرته الطويلة إلى الكثير من المحاولات لضربه والقضاء عليه على يد رموز الطوائف من كل صوب، غير أنه كان يستمر بأصحاب النفس الطويل المتمكنين من العقيدة التي يكمن فيها سر انتصار قضيتهم.

وهكذا يُعتبر الحزب القومي بنظر الحكومة اللبنانية والمتربعين على عروش الطوائف، عدواً دائماً وتهديداً مستمراً للكيان الذي يضمهم ويجب أن يكون لبنان (بنظرهم) "كياناً نهائياً" بكل ما فيه من نقص وشذوذ.
إن تكريم سعيد تقي الدين في جو كهذا، مفعم بالحقد والكراهية، غير ممكن الموافقة عليه من قبل أصحاب النفوذ المتحكمين في كل صغيرة وكبيرة، حتى ولو كان ينتمي سعيد إلى إحدى العائلات الإقطاعية وأشقاؤه يدينون بالولاء للنظام.

رابعاً: تقاعس عائلة تقي الدين عن المطالبة بالحق.

ذكرنا سابقاً أن أربعة من أشقاء سعيد تقي الدين كانوا ملحقين بالدولة اللبنانية ولهم فيها المكانة والحصانة المرموقتان. فكان خليل سفيراً، وبهيج نائباً ووزيراً لعدة دورات، ومنير مديراً عاماً ثم سفيراً، وبديع عميداً لكلية الرياضيات في الجامعة اللبنانية. والذي يعرف كيف تدار شؤون الدولة اللبنانية، يعرف تماماً أنه لو كان للعائلة، الممثلة بالأشقاء الأربعة، الإرادة الصلبة بأن يكرم الأديب سعيد تقي الدين (وليس شقيقهم الشيخ سعيد)، لجعلوا من المستحيل ممكناً. ولكن تقاعسهم عن المطالبة والملاحقة كانت مقصودة برأيي (وأنا أتحمل مسؤولية ما أقول).

لقد رضخوا جميعهم للواقعية البغيضة التي حالت دون التكريم المطلوب، خوفاً على مناصبهم وامتيازاتهم التي كانوا يحققونها من خلال انغماسهم بالنظام الطائفي القبلي الذي يحكم به لبنان وكان قد رفضه الشقيق "سعيد" طوال مسيرته الأدبية والإنسانية.

اليوم وفي الذكرى الستين على رحيل الكبير سعيد تقي الدين (1960 - 2020)، تجدر العودة إلى تراثه الأدبي الغني الذي يشكل حجر الزاوية لثورة فكرية عارمة تضيئ الطريق أمام ثورة الشباب التي تغلي نارها بين الحين والآخر، وتسعى إلى الانتصار والفلاح بعد أن حلت بلبنان الكوارث والنكبات.

بقي أن نتوجه إلى كل مواطن متحرر من قيود ذلك الماضي البغيض الذي يرمي بثقله على بعض الحاضر، أن يعمل كل في مكانه ومجاله، لإبعاد أشباح الخوف والارتباك عن مسيرتنا الوطنية باتجاه العلمانية والدولة المدنية، والإضاءة على فكر سعيد تقي الدين الذي أكد بفكره ونهجه أنه لكي يسلم الوطن يجب أن يكون فيه الجميع مؤمناً بأن "كل مواطن خفير."

التوحيد ملاذ المؤمنين من كل مذهب أو دين

2017/05/01

في مستهل هذا المقال القصير، يهمني أن أؤكد للقارئ الكريم أنني لست بصدد الغوص في شرح فلسفة التوحيد التي يقوم عليها دين الموحدين (الدروز)، ولا بصدد الإضاءة على تاريخهم الذي تناوله كثيرون، أو ترداد ما يكتب عن عاداتهم وتقاليدهم ومواقفهم، وإنما لمحاولة فهم القصد الذي ترمي إليه تلك الفلسفة وكيفية التمسك بها في علاقة الإنسان بالله، كما في علاقة الإنسان بأخيه الإنسان من أي مذهب كان أو دين. وإذا كان لا بد من الإشارة في هذا المجال إلى ما تعرّض له الموحدون، عبر التاريخ، من اضطهاد وتكفير، نطرح السؤال التالي في ذكرى الألفية الأولى على قيام الدعوة لنقول: كيف يمكن أن يُضطهد أو يُنبذ من جعل الحكمة الشريفة وسادتَه وتوحيد الباري تعالى هدفَه للوصول إلى الإشراق والعرفان؟ بل كيف نفسر البلبلة الفكرية التي أصابت الموحدين أنفسهم وجعلت منهم فرقاً تتنافس وتتخاصم وتتقاتل أحياناً.. إلا أن الثابت لدينا أن فهم الحكمة اختلط على كثيرين وكذلك فلسفة التوحيد، فراح بعض أصحاب الادعاءات يسوّقون لقشور التفسيرات المستوردة دون المساس بأعماقها وجوهرها ومن دون أن يعرّفوا (وهم بالطبع لا يعرفون)

بمذهب التوحيد على أنه مذهب فلسفي عرفاني، مما أدى إلى مفاهيم مغلوطة تناقلتها الأجيال على أنها الحقيقة وإذا بالحقيقة سرٌّ لا يدركه إلا قليل من المثقفين ذوي الاهتمام الأكاديمي الذين تسنى لهم الاطلاع والمراجعة بقصد العلم والمعرفة وليس بدافع العصبية الدينية..

ومن غير أن نتوسع في الأصول الفلسفية لمعنى التوحيد وارتباطه بالفلسفات الأخرى (وهذا ليس من اختصاصنا) نشير إلى ما هو شائع لدى الباحثين المتعمقين في هذه الفلسفة، بأن التوحيد يرتبط بمعنىً أساسي بارز هو توحيد الخالق كلياً بما خلق بحيث لم يتعالَ عما خلق، بل حلّ به لأنه علة لكل موجود. هو المعنى ذاته لدى مذهب الصوفية ويعرف بـ "الحلول". ويبدو التوحيد بهذا المعنى واضحاً في الآية القرآنية التي تقول: "قل هو الله أحد، الله الصمد، لم يلد ولم يولد ولم يكن له كفواً أحد". كلمة الـ "أحد" هنا تعني أن الله وحده لا شريك له. فلو كان "ليلِدَ" أو بالمعنى السائد "ليخلقَ"، لكان هو الأول وكان ما يخلقه ثانٍ وثالثٍ ورابع وإلخ.. لكن الآية أوضحت أنه يتوحد بمن يخلق وهذا يعني أنه واحدٌ أحدٌ وأن كل ما في الوجود مظاهرٌ له.

فالوجودُ إذن بمن فيه وما فيه، ليس سوى مظهرٍ واحدٍ متكاملٍ للواحدِ الأحدِ وإن تعددتْ أشكالُه وألوانُه.. فالمؤمن يتعدىً في إيمانه المنظورَ الحسي إلى ما وراءِ المنظورِ العرفاني مؤكداً، بما أوتي من اتساع في المعرفةِ ونفاذٍ في الرؤيةِ، أن اقترانَ هذه الحقيقةِ بالمرتجى الأسمى في أزليتِه، هو التحققُ بروح الله.. وهنا تكمن أهمية علاقة الإنسان بالله إذ يشكر ويحمد ربه ويتعبّد له على منحه نعمة الوجود وسعادة الحياة التي تسير فيه إلى الأبدية. وهكذا يحيا

الإنسان بروح من الله وجسد من التراب مستقلٍ، إلى أن يحلّ اليوم الأخير فتخلع الروح ثوبها البالي وتعود إلى ربها راضيةً مرضيةً. فبالرغم من هذا الاجتهاد المنطقي في تفسير فلسفة التوحيد وتأكيد المعنى اللغوي للآية القرآنية الآنفة الذكر التي تتماهى مع التفسير العقلاني، نرى الاختلاف في تفسير التوحيد لدى البعض من الفرق الإسلامية بحيث تتمسك معظمها بمبدأ "العليّة" بمعنى أن الله خلق الوجود لكنه لم يتحد به بل علا مترفعاً عما خلق. وقد أثار هذا التفسير كثيراً من الجدل ولا يزال مستمراً حتى يومنا هذا. وفي الواقع هذا ما يفسر تباعد الفرق الإسلامية عن بعضها البعض وإن كان القرآن الكريم هو الكتاب المقدس الذي يعتمده الجميع. وقد يبدو الحوار بين الفرق المختلفة مقبولاً وبديهياً في المبدأ إلا أن ما يحصل على الأرض هو غير ذلك وأبعد من الحوار والاختلاف في الرأي ليتعدّاه إلى الاتهام بالكفر والزندقة والخيانة وليحلَّ الاقتتال فيما بعد سيداً. ونخلص إلى القول هنا إنه لو أدرك المؤمن حقيقة رسالته السامية الواردة في كتابه المقدس، لأيقن أنه وأخاه في الإنسانية يشكلان وحدة متحدة بروح الله الذي نحمده ونستغفره كل يوم ومن غير الممكن أن يأذن الله لأي منهما بالتعرض للآخر. وفي هذا الموقف تحضرني فقرة من كتابي "الأبله الحكيم" حيث قلت مخاطباً الفاجر المغرور (بلسان الأبله): "إذا رغبت أن تجمع ما في الأرض من ذهب ومال فقد يكون لك. أما رقاب الناس فلا يملكها إلا رب الناس".

هذا ما يبدو لنا قائماً في صفوف الطوائف الإسلامية. وإذا ما نظرنا إلى واقع الطوائف المسيحية، يتراءى لنا المشهد ذاته. حتى أن أوجه

الشبه في فلسفة التوحيد هي ظاهرة في السطر الأول الذي يتلوه المؤمن قبل الصلاة إذ يقول: بسم الأب والابن والروح القدس.. إله واحد آمين. فالمعنى السطحي هو أن نقول بأن الأب هو الرب الخالق والابن هو الإنسان المخلوق والروح القدس هي التي تحدد العلاقة بين الأب والابن. أما المعنى المقصود برأينا المتواضع هو التالي: الأب هو الله مبدع الوجود والأبن هو صورة الله الخارجة من البديع، والروح القدس هي العلاقة الروحية المتلازمة بين الأب والابن ما يشبه اتحاد الخالق بما خلق والتحقق بروح الله، كما مرّ معنا آنفاً في تفسير الآية القرآنية. ومن ملاحظاتنا الشخصية المتواضعة القول كذلك بأن الفقرة، "بسم الأب والابن والروح القدس" لدى الطوائف المسيحية هي ذاتها من حيث المدلول الفلسفي والروحاني في فقرة "بسم الله الرحمن الرحيم" لأن الله هو الرحمن وهو الرحيم بحسب أسماء الله الحسنى كما أن الأب هو الابن وهو الروح القدس، وللتأكيد على وحدانية الأقانيم الثلاثة أضافت الفقرة "إله واحد آمين" ما يعني الاتحاد بروح الله..

ونذكر هنا أنه بالرغم من هذا الوضوح في تفسير الفقرة الإنجيلية واستخدامها في الصلاة من قبل جميع الطوائف المسيحية، إلا أنها ظلت حتى أيامنا هذه عرضة لتفسيرات مختلفة ولم يذكر أحد أنها تتلاءم مع جوهر التوحيد في مدلوله الفلسفي والعقلاني على الأقل. وليس هذا بالأمر الغريب: فقد توزع المسيحيون إلى فرق اختلفت ببعض الأفكار أولاً ثم تطورت إلى اعتماد تفسيرات وتسميات جديدة قامت معها نزاعات وانشقاق البعض عن الآخر ليصبح عدد الطوائف لا يستهان به. وكانت الاختلافات في بعضها جوهرية كتاريخ ميلاد السيد المسيح، عليه السلام، وتاريخ الصعود والفصح

المجيد وغيرها من المناسبات. ومثل هذا حصل في الجهة الأخرى حيث أدى الاختلاف في الرأي لدى الفرق الإسلامية إلى التباعد والخصام كما أشرنا آنفاً. وأكثر من ذلك فقد فتح باب الاجتهاد على مصراعيه، فاتفقت جميع الطوائف على اعتماد القرآن الكريم إلا أنها اختلفت على بعض التفسيرات التي شكلت فيما بعد "مجمع الاجتهادات" الذي أعطى لكل طائفة هوية مختلفة.

كانت الغاية من عرضنا هذا، الإشارة إلى أن جميع الأديان والمذاهب تعرضت بشكل أو بآخر إلى فلسفة التوحيد التي كانت ولا تزال الشغل الشاغل للفلاسفة والمفكرين. ومن البديهي القول إن المؤمنين الضارعين ممن تعبدت لهم الطريق إلى نور العرفان، يشعرون بدفء الإيمان والاطمئنان للبحث عن ملاذِ المنتهى بجوارِ ربِّ الإبداع والتكوين. فهؤلاء لا خوف عليهم من الانحدار إلى هاوية التعدي والانحراف بما لا يرضي ربهم لأنهم يحيون بروح الله. إلا أنه يؤسفنا ما حصل ويحصل في هذا العالم الذي بات مسرحاً للغدر والقتل بعيداً عن الرقابة والمحاسبة وانكاراً للتعاليم الروحانية والإنسانية التي نتكلم عنها ونعتبرها الحاجز الأخلاقي الواقي من التعديات. ففي الماضي كما في الحاضر، الفرق المذهبية مسيحية كانت أم إسلامية، تتناحر بداخلها بقصد التصفية والإلغاء وتتقاتل مع غيرها من الفرق بدافع العصبية الغرائزية، والتاريخ يطفح بمثل هذه الوقائع الشاذة التي إذا ما استمرت، تنذر بكوارث على الجنس البشري بشكل عام.

بالطبع قد يكون هناك عدد من الأسباب التي تؤدي إلى مثل هذا الجنون. أما حتى الآن لا نرى سوى سببٍ واحد لكل ما يدور على

الأرض. والسبب هو جهلنا (بغالبيتنا) لعقيدتنا الدينية بشكل عام ولمبدأ التوحيد الفلسفي بشكل خاص. وقد أدى بنا هذا الجهل إلى القبول بالنظام الطائفي المعلب الذي جاء به المستعمر إلى بلادنا وقد اكتشف مكان الضعف فينا فسيطر بالتالي على مواردنا الطبيعية وقرارنا الوطني ولا يزال.. وهذا ما يهمنا في النهاية.

لقد بات مؤكداً للجميع أن الاستمرار والاستقرار غير ممكنين إلا بنسف التركيبة القديمة واستبدالها بما يتلاءم مع تطورات العصر والقواعد الثابتة المعترف بها دولياً لحقوق الانسان.. فنحن بحاجة إلى مذاهب وأديان واعية تقوم بدورها التبشيري كما أننا نحتاج إلى دولة قوية تحمي هذه الأديان والمذاهب. فالخطوة الأولى نحو الوحدة والإصلاح تبدأ من هنا وأي إخلال بهذه المعادلة يعيدنا إلى نقطة الصفر. وهذا يعني التقهقر والرجوع إلى الوراء.

لا شك أن تحرير الإنسان من شوائب الماضي للخروج به إلى فضاء التوحيد والإيمان، أمر يلزمه الوقت والظروف الملائمة. لكن انطلاقاً بأن التعايش المسيحي المسلم أمر حتمي لا مفر منه يجب أن نتنبّه إلى نقطة بالغة الأهمية وهي إطلاع المسيحيين على جوهر الدين الاسلامي القائم على التوحيد والغفران لأنهم يجهلونه. وكذلك إطلاع المسلمين على جوهر الدين المسيحي الداعي إلى المحبة والسلام. وهكذا بدلاً من أن يتساوى المسلمون والمسيحيون في جهل بعضهم بعضاً دينياً وتاريخياً، يتساوون في المعرفة والانفتاح واحترام البعض لمعتقد الآخر.. وهذه الخطة هي برأينا خير وسيلة لبلوغ عرش التوحيد بعيداً عن النزوات والعصبيات. ولهذا اخترت عنوان المقال: التوحيد ملاذ المؤمنين من كل مذهب أو دين.

وحدُهم الموحدون البالغون سرَّ الإشراقِ والعرفانِ، من أيّ مذهبٍ أو دينٍ، يؤتوْن الحكمةَ والخيرَ الوفيرَ، في السماواتِ كما على الأرضِ.. فهؤلاء قد أدركوا أن حدائقَ التوحيدِ ليست لقاصدِها منالاً سهلاً، وإن كانت تتسعُ أبوابُها للعالِمين والعامِلين بشوقٍ إلى ثمارِها العذبةِ التي تقطرُ حباً وصفاءً..

في الموقف المهيب يتوقف الزمان
ويسكت الكلام..

ألقيت هذه الكلمة في احتفال تأبين وتكريم العالم اللبناني د. يوسف مروّه في تورنتو - كندا بتاريخ 2019/03/24

"كيفَ يكونُ الكلامُ عن صديقٍ مؤمنٍ عرفتَهُ..
ورفيقٍ على دربِ المحبةِ واكبتَهُ..
ومعلمٍ مجتهدٍ أصغيتَ إليه وجالستَهُ..
بالسرْدِ الطويلِ.. وهو مُملٌ؟
بالوصفِ الدقيقِ.. وهو مُقلٌ؟
بفيضٍ من عاطفةٍ لا تفي بالقصدِ ولا بالمهام..
الأرجحُ المتوقعُ في الموقفِ المُهيبِ،
أن يتوقفَ الزمانُ.. ويسكتَ الكلام!

والكلامُ عن يوسف مروّه قصةٌ تطولُ..
أتتكلمُ عن عالمٍ أو باحثٍ أو مكتشفٍ..
عن ناقدٍ أو أديبٍ أو فيلسوف..
قد يصحُّ استخدامُ أيٍ من المصطلحاتِ الآنفة
أو ربما لا يصحُّ أيٌ مِنها..

لقد تعدّى د. مروّه حدودَ المصطلحِ الذي يضيقُ بأبعادِ رؤاهُ ورفّاتِ جناحيْه، ليُدخِلَك حيناً في العلومِ والسياسةِ وطوراً في الفقهِ والدينِ وأحياناً في مَداراتِ الشمسِ والقمرِ وسائرِ المجرّات..

أما إذا أردْتَ الاختصارَ فيما تُسمّيه، فقلْ هو المفكرُ المبدعُ الذي اقتربَ بأدائِه من روحِ الله.. ذلك أن الإبداعَ، كما العبادةَ، يكمنُ في الإيمانِ والتأملِ بالحقيقةِ المطلقة، أي بتعدي المنظورِ الحسيِّ إلى ما وراءِ المنظورِ العِرفاني.. والإبداع، في أيِّ حقلٍ كانَ، هو واحدٌ لا يتجزأُ لأنه يصبُّ في ذاتِ المكانِ الذي ينبعُ منه. فالموهبةُ عطاءٌ من الله، والأداءُ هو.. لله بما يُرضيه. فمنه العطاءُ وإليه الأداءُ وهكذا يتحقّقُ الإبداع..

أيها الحفل الكريم،

لن أتطرَّقَ إلى ما أشارَ إليه الأصدقاءُ الذين سبقوني في الكلامِ عن إنجازاتِ ومآثرَ د. مروّه. بل سأحاولُ إلقاءَ الضوءِ على اهتماماتِه ومساهماتِه في بعثِ التراثِ العربي وأهميةِ نشرِه في العالم، رداً على تحدياتِ الغربِ الذي يدَّعي الفضلَ في كلِّ ما يخدمُ الانسانيةَ من نظرياتٍ وتطوراتٍ علميةٍ وتقنيةٍ أو اختراعاتٍ واكتشافات جديدةٍ.. لقد استطاعَ د. يوسف مروّه أن يزيلَ من أذهانِ الكثيرينَ من المثقفين العرب، وخاصةً الذين يعيشونَ في المغترباتِ، عقدةَ النقصِ التي رافقتْ تأقلمَهُم في المجتمعِ الجديدِ واستبدالَها بالثقةِ بالنفس، والعزمِ على السيرِ قُدُماً في مسيرتِه العلميةِ وثورتِه البيضاءَ على الذهنيةِ الغربيةِ التي تحاولُ ما استطاعتْ طمسَ معالمَ الحقيقةِ في التعتيمِ على الدورِ العربي، والادعاء لنفسها بالإنجازاتِ الحضاريةِ ما يخدمُ مصالحَها الاستعمارية ويُظهرُ تفوقَها في العالم..

وفي هذا المجالِ، يُشرِّفُني القولُ إنني كنتُ أحدَ الذين لبوّا نداءَ راحلِنا الكبير، في وقتٍ كانَ يُعِدُّ الدراسةَ التي تُثبتُ وصولَ الفينيقيين والعرب إلى الأميركيتين قبلَ كولومبس وكانَ ذلك في مطلعِ التسعينات. ويقولُ مروّه تحديداً (ونقلاً عن أكاديميين ومؤلفين أميركيين): "كريستوف كولومبس هو آخرُ من اكتشفَ أميركا.."
وقد تعاهدْنا منذُ ذلك التاريخ على أن نعملَ يداً بيد، على إحياءِ ونشرِ التراثِ بالأسلوبِ الأكاديمي الحضاري من خلالِ مركزِ التراثِ العربي الذي كنتُ قد بدأتُ أعِدُّ له خريطةَ الطريق. ومن خلالِ جريدةِ "الجالية" التي كنتُ قد أسَّسْتُها وأعددْتُها للغايةِ ذاتِها.

ففي رحلةِ إحياءِ التراث، التي استغرقتْ ربعَ قرنٍ من الزمنِ ونيّف، أقمْنا عدَّةَ احتفالاتٍ ولقاءاتٍ وندواتٍ ثقافيةٍ تبرزُ أهميةَ الدورِ العربي في الحضارةِ الإنسانيةِ التي ينعمُ بها العالمُ اليومَ، وكان د. مروّه العرّابُ الأكثرَ حضوراً في وضعِ النقاطِ واللمساتِ المعرفيةِ بمراجعاتِه ودراساتِه القيمة. وفي طليعةِ هذه الاحتفالاتِ، كانتْ العناوينُ التالية:

- التراثُ الثقافي على امتدادِ طريقِ الحرير
- التراثُ المتعددُ الثقافات في حوضِ البحرِ المتوسط
- آثار التراثِ العربي في النهضةِ الأوروبيةِ
- التعدديةُ الثقافيةُ بعنوان: النسيجُ الكندي يَجمعُ العالمَ..

لستُ هنا لأُطيلَ الحديثَ عن الدورِ الذي اضْطلعْنا به في إحياءِ التراثِ في السابق، وإنما للتأكيدِ على ضرورةِ الاستمرارِ في تشجيعِ هذا الدورِ وجعلِ ناشئتِنا العربيةِ تتابعُ المسيرةَ لما يخدمُ وجودَها ويعزّزُ حضورَها بين الشرائحِ الاجتماعيةِ المختلفةِ.

من المؤسفِ أن يَزعمَ البعضُ بأنَّ الإبداعَ العربي معطّلٌ اليومَ، كما التراث. لا شكَّ أنه ادعاءٌ باطلٌ ومرفوضٌ، ذلك أنَّ الدراسةَ التي بحوزتِنا في مركزِ التراث العربي، والتي حقَّقَ فيها الدكتورُ مروّه شخصياً، تشيرُ إلى متفوقين مبدعين من الجنسياتِ العربيةِ المختلفةِ، يتوزَّعون بين الفلاسفةِ والمخترعين وواضعي النظرياتِ الجديدةِ في العلومِ والرياضياتِ والطبِّ، والفيزياءِ والفلكِ وغيرِها.. ونقول في تصنيف هؤلاء أنهم صانعو التراثَ العربي المعاصرِ..

وأحدُ هؤلاءِ المبدعين العباقرة هو واحدٌ من أبناءِ جاليتِنا اللبنانية العربيةِ في كندا، هو العالمُ والباحثُ الدكتور يوسف مروّه، الذي كانَ له الباعُ الطويلُ والانتاجُ الوفيرُ في العلومِ الفيزيائيةِ والفلكيةِ والرياضياتِ وغيرِها، وكانتْ لمساهماتِه البصماتُ الراسخةُ في الحضارةِ الغربيةِ التي يدَّعيها أصحابُها المزيفون ويفاخرون بها..

أما البصمةُ الخالدةُ.. هي التي يطبعُها على جبينِ التاريخِ، عملاقٌ كصديقِنا الذي رحلَ، لا تزولُ بزوالِ جسدِه ولا ترحلُ برحيلِه، بل تُحدِّثُ عنه إلى يومِ القيامةِ.. فالخالدُ ليسَ من يعْبرُ التاريخَ.. بل من يصنعُ التاريخَ ويعْبرُهُ.!

تحيةً من الأعماقِ إلى روحِ الصديقِ الدكتور يوسف مروّه الذي قلتُ فيه يوماً: هو الإرادةُ التي لا تلينُ والطموحُ الذي لا يهدأُ.. علّهُ يهدأُ بالُه حيثُ هو اليومَ بعهدةِ السماءِ.

تحيةً إلى هذا العملاقِ الذي بأمثاله نعتزُّ ونفاخرُ.. وبأمثاله نواجهُ التحدياتِ الحضاريةِ.. وننتصرُ.."

➢

الأضحى: سلوك عرفاني لبلوغ "مدينة الله" رد على مقال د. خريستو المرّ حول معنى "الأضحى"..

2019/08/12

قرأت مقالك الذي نشر يوم أمس لمناسبة عيد الأضحى فأعجبت بمضمونه وبالنفث الوجداني الذي عرضته به. ثم وصلني ذات المقال مرفقاً بدعوة بعض الأصدقاء للاطلاع عليه. فأعدت قراءته أكثر من مرة. وهنا لا بد لي من الإشارة إلى بعض الملاحظات حول ما ورد فيه وإنني على ثقة بأنك ستتقبلها برحابة صدر لما عرفته فيك وعنك من تمسكٍ بأدبيات الحوار الإيجابي والقبول بالرأي الآخر.

تقول في المقدمة مخاطباً الله على كلام تصورتَ بأنه صادرٌ عنه وكأنك أردت أن يمتدَ إبراهيم إلى خارج القبيلة كما تقول، "إلى

خارج صلة الدم والأرض، تلك الرابطتان البدائيتان اللتان نبدأ بهما تواصلنا الإنساني، واللتان إن وقفنا عندهما أبقتانا أمام مرآة ذاتنا الجماعية: عائلتنا ومواطنينا".

ثم تضيف: "تجاوز إبراهيم جذور تاريخه الماضي (العائلة والأرض) ولكن بقي أمامه تاريخه المستقبلي: ابنه". وفي مكان آخر: "وتخلى إبراهيم عن ابنه، آخر جذوره في المستقبل." ثم تخلصُ إلى القول بأن صار إبراهيم نموذج العابر والغريب، المتوجه إلى "المدينة الباقية" أي مدينة الله. وتؤكد أن حب الله لا يتحقق إلا بالخروج من العشائر والأوطان للانضمام إلى قافلة الغرباء، المحبين لله وللعالم..

*****

أسمح لنفسي هنا أن أعارض هذا التوجه من حيث المبدأ والتطبيق لأنه منافٍ لطبيعة التواصل الإنساني في حياة كل الناس والسؤال هو التالي: كيف لأي إنسان أن يقفز إلى تاريخ مستقبلي إذا تجاوز تاريخه الماضي أو الحاضر...؟

ـ الجواب أنه من غير الممكن أن يكون لأي إنسان مستقبلٌ معزولٌ عن ماضيه وحاضره. وبالمعنى التطبيقي فإن "الانضمام إلى قافلة الغرباء المحبين لله والعالم" كما ذكرت، لا يلزمه التخلي عن "مواطنينا والخروج من الأوطان" إلى اللحاق بالقافلة المتجهة إلى الله. فمن الممكن، لا بل من الضروري، أن نجمع أهلنا في "العشائر والأوطان" لندلهم على الطريق إلى الله، وأن ندعوهم إلى السير معاً لبلوغ "المدينة الباقية"، مدينة الحب والفرح والأمل..

ـ ثم ماذا يعني أن ينعم الإنسان وحيداً في "مدينة باقية" كما تقول، بعيداً عن بيئته الاجتماعية (العائلة والأرض) التي هجرها أو تخلى عنها وكأنه يسلخ نفسه عن مجتمعه الذي يساوي وجوده. فالإنسان الحقيقي هو المجتمع بكليته وليس الفرد سوى إمكانية محدودة فيه. وهذا الاعتبار لا يسقط عن الفرد حقيقته الإنسانية، بل أنه يرفع به من حدود فرديته وإمكانيته المحصورة والقاصرة إلى فضاء اجتماعي رحب منفتح على الكون.

ـ الأضحى كما أنظر إليه، بخلاف الشروحات المختلفة والمتعددة، هو سلوك عرفاني لبلوغ "مدينة الله". فالمؤمنُ يتعدى في إيمانِه وتقواه، المنظورَ الحسي إلى المنظورِ العرفاني الروحاني، مؤكداً بما أوتيَ من اتساعٍ في المعرفةِ ونفاذٍ في الرؤيةِ، أن اقترانَ هذه الحقيقةِ بالمرتجى الأسمى في أزليتِه، هو التحققُ بروح الله.. وتبقى الحرية أهم ما يحققه الإنسان في سلوكه العرفاني. هذا ومن الطبيعي ألا تغرّد هذه الحرية إلا داخل سربها الاجتماعي الطبيعي حيث "الأرض والمجتمع" أكانا من الماضي أو الحاضر أو المستقبل.. وكل ما يعرّض هذا التكامل أو التناغم الإنساني الاجتماعي إلى الزعزعة، هو أمر غير طبيعي مرفوض.!

ـ في الفقرة الأخيرة من المقال تشير إلى الذين يضحون بحياتهم وأجسادهم من فقراء لبنان ومهجّري سوريا ومشرّدي فلسطين الذين هم "مضمومون إلى قلب الله وأننا لن نستطيع الانضمام إليهم إلا بالعبور معهم، غرباءَ عن كل أرض وكل شعب، ومواطنين بالحب، في كل أرض وفي كل شعب."

باختصار لا أفهم كيف نعبرُ إلى قلب الله مع الفقراء والمشردين الذين هم منا حسباً ونسباً ونحن غرباء عن كل أرض وشعب...؟ لست راغباً هنا في التعليق على هذا القول سوى أنني لو كنت من سيكتب هذه الجملة، لاستأذنتك صديقي الدكتور خريستو لأقول: إننا مصممون على أن نعبر كل الحواجز لنكون برفقة المسافرين إلى قلب الله، مواطنين لأرض هي أرضنا ولشعب هو شعبنا..

هذا واقتضت الإشارة،

أرجو قبول وافر التحية وفائق الاحترام..

المخلص

خالد حميدان

➢

إلى أخي المواطن..

2020/07/20

قامت الدنيا ولم تهدأ بعد إعلان البطريرك الراعي دعوته إلى "حياد" لبنان والنأي بالنفس عن صراعات المنطقة، وقد اعتبر في حديث لجريدة "فاتيكان نيوز" أن "لا حلّ للأزمة المتفاقمة إلا بإخراج لبنان من الأحلاف السياسية والعسكرية بحيث يصبح دولة حيادية فاعلة ومفيدة من أجل السلام والاستقرار".

ترى إحدى الجهات المؤيدة لدعوة البطريرك أن الحياد يحرر القرار اللبناني من الحصار ويساعده على تنفيذ قرارات الشرعية الدولية، وتعتبر أن الأزمات التي يمر بها لبنان جاءت نتيجة توجهات سياسية، "أفضت إلى وضع الدولة بكل مؤسساتها في أسر محورٍ إقليمي "يجاهر بمخاصمة العرب والشرعية الدولية ويسد منافذ التعافي الطبيعية أمام لبنان".

كذلك ترى هذه الجهة في دعوة الحياد، المدخل الرئيسي للعودة بلبنان إلى طبيعته التأسيسية عام 1920، بوصفه كيانا للعيش المشترك ورسالةً إلى محيطه والعالم، ثم تثبيت هذا التأسيس بالميثاق الوطني عام 1943، وصولاً إلى دستوره المنبثق من وثيقة الوفاق الوطني

في الطائف عام 1989. ويقول غبطة البطريرك حول الآلية التي يجب اتباعها من أجل تحقيق الحياد الإيجابي: "نستمرّ في بحث هذا الموضوع مع القيادات اللبنانية ثم مع سفراء الدول حتى يصل الى الأمم المتحدة. ونحن نعوّل على دور الكرسي الرسولي الفاعل في هذا الموضوع".

أما الجهات المعارضة لدعوة "الحياد"، فقد أجمعت على أنه لا يمكن للبنان أن يعزل نفسه عن محيطه الإقليمي ليتمسك بخيارات تطرحها إرادات خارجية وتقبل بها فئة واحدة من اللبنانيين دون الفئات الأخرى، وترى أن مثل هذه الدعوات، تعمق الهوة بين اللبنانيين وتشد العصب الطائفي وتعيد أجواء التقسيم والانقسامات الداخلية بالحد الأدنى إن لم تؤدِ إلى حرب أهلية.. يضاف إلى هذا أن تطبيق الحياد يتطلب توافقاً لبنانياً وقبولاً إقليميّاً وهو أمر غير قابل للتحقق حالياً في ظل غياب التفاهم الوطني الجامع وسيطرة المحاصصات والمناكفات الطائفية على الأولويات الاستراتيجيّة..

قبل الدخول في مناقشة المواقف المتباينة المطروحة، من المفيد مراجعة كل كلمة نطلقها في توصيفنا وتعليقاتنا بحيث تفي بالغرض دون أن تمس بشعور أو كرامة أحد من الناس. وفيما يعنيني شخصياً يهمني أن أتوقف لأقول: إنني أحرص على حرية التعبير التي تصونها الأعراف والقوانين والآداب العامة إذ لكل منا الحق في قول ما يشاء شرط عدم التجريح والإساءة للآخر الذي لا يوافقنا الرأي. فإن أردنا أن تُسمع كلمتنا، علينا أن نحترم من يسمعنا ويستمع إلينا. وهنا أريد أن أعلق على ما سمعنا وقرأنا من قبل بعض المعارضين لطرح البطريرك الذين سمحوا لأنفسهم باستخدام ما يلزم وما لا يلزم

من الكلام الجارح والعبارات النابية لأقول: من حقكم إبداء الرأي إذا كان لديكم رأي آخر مغاير أما مثل الأسلوب الذي اتبعتموه لن يخدمكم بشيء إلا إذا كان القصد إشعال فتيل العصبيات الطائفية وجر البلاد إلى ما لا يرغب به أحد. في هذه الوقفة أرى بأن ننظر إلى مشروع وطني كبير بحيث نوفر له الظروف الملائمة لنعيد اللحمة بين أبناء الوطن.. وهنا لا بد من التساؤل:

هل يمكن للبنان أن ينهض من كبوته ويستعيد أمنه واستقراره ودوره بدون وحدة أبنائه..

هل يمكن قيام مثل هذه الوحدة بدون العدل والمساواة وتثبيت قواعد الحرية والديمقراطية..

وهل يمكن تحقيق العدل والمساواة في ظل النظام السياسي اللبناني القائم على التركيبة الطائفية، وقد ثبت فشله، والذي يشكل السبب الرئيسي لتدهور لبنان وتفكك وحدة أبنائه على مر العصور..

صاحب الغبطة،

أصحاب السماحة والسيادة والسعادة في كل جهة وموقع،

أخي المواطن،

إن مشكلة الطائفية في لبنان ليست بالأمر الجديد وتعود إلى أكثر من خمسمائة سنة إذ تتصل جذورها بفترة قيام الدولة العثمانية وهيمنتها على كامل المشرق العربي مروراً بالانتدابين البريطاني والفرنسي ودولة الاستقلال. وكان المستعمر، في كل عهد، يستخدم ذات الوسيلة في تحريك العصبيات الطائفية وإثارة الأحقاد الدفينة بين الطوائف لإحكام السيطرة على البلاد. ومثله فعل الحكم الإقطاعي الذي أوجده المستعمر حيث حصلت فئة قليلة، من مختلف الطوائف،

على امتيازات كبيرة على حساب الغالبية العظمى من اللبنانيين. وقامت دولة لبنان الكبير يحكمها الإقطاع وأصبحت هذه الدولة فيما بعد جمهورية.

وفي هذا المجال يقول المؤرخ يوسف ابراهيم يزبك: "وهذه الجمهورية هي ذات الجمهورية التي جعلها الميثاق الوطني دولة الاستقلال ولم تكن في الواقع إلا امتداداً للحكم الاقطاعي فالحكم الاستعماري".

وهكذا ظلّ لبنان، حتى أيامنا هذه، يحكمه الإقطاع الذي يشكل في النهاية الأداة المحلية للمستعمر. وليس الميثاق الوطني، الذي سبق استقلال لبنان عام 1943 ونتغنى به في كل مناسبة، سوى الالتفاف الممنهج على شعب لبنان الذي يسمح لرجال الإقطاع بقسمة المغانم وإحكام السيطرة على الامتيازات في طول البلاد وعرضها.

ويقولون إن الحروب الطائفية في لبنان، على مر الأزمان، هي من صنع الأجنبي أو المستعمر وإن الحرب الأهلية الأخيرة التي دامت ما يزيد على العشرين عاماً هي حرب الآخرين على أرض لبنان.. وإن في هذا القول كثيراً من السذاجة والسخافة أو إنه محاولة يائسة للهروب من مواجهة الواقع. فإن سلمنا جدلاً بهذا التوصيف، غير أن الحرب قد نفذت على أيدٍ محض لبنانية. فكيف نرضى بأن نكون الأداة الطيّعة المنفذة لإرادة الآخرين؟ إن قولاً كهذا هو أخطر بكثير مما لو اعترفنا صراحة بما اقترفت أيدينا بحق لبنان وتلونا بعده فعل الندامة..

لقد بات مؤكداً لجميع اللبنانيين أن الاستمرار والاستقرار غير ممكنين إلا بنسف التركيبة القديمة واستبدالها بما يتلاءم مع تطورات

العصر والقواعد المعترف بها دولياً لحقوق الانسان.. فالخطوة الأولى نحو الإصلاح تبدأ من هنا.
ومن المؤكد أيضاً أن لبنان لا يحكم إلا بالتوازن والعدل بين مواطنيه (وليس بين طوائفه) وأي إخلال بهذه المعادلة يعيدنا إلى نقطة الصفر وهذا يعني التقهقر والرجوع إلى الوراء.
إن معركة تحرير لبنان (ما لم يتم تحريره بعد) لا تقل أهمية ودقة عن عملية تحرير النفس من شوائب الأنانية والجهل والاستعلاء.
ومن هنا كان علينا أن نسير في عمليتين للتحرير متوازيتين: تحرير الانسان وتحرير الأرض والعملية الأولى هي ضرورية لتحقيق الثانية.
ففي تحرير الانسان وانطلاقاً بأن التعايش المسيحي المسلم أمر حتمي بحيث تقوم الدولة القادرة على حماية الطوائف وليس العكس، يجب أن نتنبّه إلى النقاط الأساسية التالية:

أولاً: إطلاع المسيحيين على قواعد الدين الاسلامي لأنهم يجهلونه وإذا عرفوا عنه شيئاً فقد غابت عنهم أشياء. وكذلك إطلاع المسلمين على جوهر الدين المسيحي. وهكذا بدلاً من أن يتساوى المسلمون والمسيحيون في جهل بعضهم بعضاً دينياً وتاريخياً، يتساوون في المعرفة والانفتاح واحترام البعض لمعتقد الآخر..

ثانياً: إعادة كتابة التاريخ اللبناني بعيداً عن السموم وإثارة الحساسيات الدينية والمناطقية والاقليمية وتعريف الأجيال الطالعة بتاريخ وإنتاج المتفوقين اللبنانيين الذين أغنوا الحضارة الانسانية بعلومهم وفلسفاتهم واختراعاتهم، لتكون حافزاً لهم على العطاء والإبداع.

ثالثاً: فصل الدين عن الدولة أي التخلي عن الطائفية السياسية أو السياسة الطوائفية وإطلاق الحريات الديمقراطية وإشاعة العدل والمساواة بين المواطنين واعتماد الكفاءات في جميع فئات الوظيفة العامة. وهنا لا بد من طمأنة رجال الدين والإكليروس بأن الدولة المدنية العلمانية هي وحدها القادرة على حماية جميع الطوائف والمذاهب.

أما في تحرير الأرض، فقد تسهل العملية في ظل تربية وطنية واحدة تعزز الانتماء الوطني والوحدة بين اللبنانيين وتجعلهم يدركون المصير الواحد فلا يترددون في تلبية الواجب. وفي هذه العملية أيضاً نقاط أساسية لا بد من الإشارة إليها:

أولاً: التعاطي مع تطورات المنطقة بصفة الشريك المعني بالمستجدات الأمنية والاقتصادية والاجتماعية وخاصة أننا نواجه عدواً مشتركاً متربصاً بحقنا وأرضنا ولم تنته حربنا معه بعد. أما النأي بالنفس كما يريده البعض، هو أمر غير ممكن على أرض الواقع إذ من غير المعقول أن يعزل لبنان نفسه متخلياً عن دوره وتفاعله مع محيطه القومي فضلاً عن كونه عاجزاً في تركيبته الاجتماعية ومحدودية موارده الطبيعية التي من المفترض أن تشكل العمود الفقري لحياته الاقتصادية. وليست مطالبة "النأي بالنفس" سوى محاولة مضللة لا يتعدى كونها تعبيراً شعبوياً يرضي البعض ويغضب الآخرين.

ثانياً: استخدام الصبر والحكمة في القرارات المصيرية وعدم السماح بالحملات الكلامية والاعلامية الناجمة عن الانفعالات والتشنجات لأن مثل هذه الأساليب تشجّع أبناءنا على الرحيل. فالسماح لهجرة

المهارات الوطنية ورؤوس الأموال هو مساهمة مباشرة في تصفية الوطن.

ثالثاً: مواجهة العدو باستخدام شتى أنواع الأساليب المتاحة كالتوعية المدنية والسياسية في الداخل وتوظيف الجهود الدبلوماسية في الخارج وإنتاج إعلام موحد الأهداف والرؤية وهذا حق شرعي تقرّه جميع الأعراف الدولية. وحدها الإرادة الشعبية قادرة على تسيير الأساليب الثلاثة هذه لمواجهة العدو بخطوط متوازية.

وعلى هامش الأزمة اللبنانية التي تتعقد يوماً بعد يوم، لا بد من إلقاء نظرة سريعة على واقع الكيان اللبناني الذي اقتطع بالأصل لصالح المسيحيين وأعلن عنه عام 1920.

كانت بريطانيا وفرنسا تسيطران على البلاد السورية أو منطقة الهلال الخصيب التي خرجت بتقسيمات سايكس بيكو في العام 1916. فالقسم الجنوبي منها ويضم فلسطين والأردن والعراق كان بوصاية بريطانية وقد سمح البريطانيون عام 1948 ليهود العالم بالهجرة إلى فلسطين، كما هو معلوم، تطبيقاً لوعد بلفور. أما القسم الشمالي فكان بوصاية فرنسية ويضم سوريا ولبنان وسهول كيليكيا التي تتألف من ألوية الإسكندرون وأنطاكية وأضنه ومرسين. وكانت هذه مساحة كبيرة نسبيًا يصعب على الاحتلال إدارتها خاصة في ظل الثورات السورية المتكررة، فعمد الفرنسيون إلى تمزيق وحدة هذا الوطن بحيث يكون للمسيحيين الموارنة المرتبطين بفرنسا دينيًا وثقافيًا منذ فترة طويلة، دولة خاصة بهم وعلى ولاء كامل لفرنسا، فجاء التقسيم كما يلي:

1ـ دولة لبنان الكبير وتضم إلى جانب متصرفية جبل لبنان، سهل البقاع وطرابلس وصيدا وبيروت وجبل لبنان.

2ـ لواء الإسكندرون وملحقاته، يعطى لتركيا (وهذا برأينا نوع من التواطؤ أو التسوية الحبية بين الفرنسيين والأتراك مقابل انسحاب فلول الجيش العثماني من أرض المعارك تأكيداً لانتصار فرنسا وانكلترا في الحرب العالمية الأولى).

3ـ وما تبقى يشكل دولة سوريا (بلاد الشام)، بحدودها المعروفة حالياً، مع إعادة تقسيم ولاياتها لتصبح أربع: حلب وجبل الدروز وجبل العلويين (النصيريين) ودمشق. وقد ظلت دولة لبنان الكبير خاضعة للانتداب الفرنسي حتى "أعطيت" الاستقلال بعد الحرب العالمية الثانية.

كان المسيحيون (والموارنة بشكل خاص) سنة 1920 عند إعلان دولة لبنان الكبير، في ذروة نهضتهم ووحدتهم وكانوا يتوقون بعد مئات السنين من حكم المماليك والعثمانيين إلى أن يكون لهم كيان مستقل، فتمّ اعطاؤهم لبنان الكبير حيث نالوا فيه المراكز والسلطة والامتيازات بالرغم من وجود طوائف إسلامية ومسيحية (ستشكل فيما بعد تنافساً شرساً على السلطة بوجه المارونية السياسية). غير أن هذا الكيان كان مسرحاً للاضطرابات الأمنية والسياسية اتخذت في معظمها الطابع الطائفي، من الانقلاب الأبيض على الرئيس بشارة الخوري عام 1952، إلى الثورة المسلحة ضد عهد الرئيس كميل شمعون عام 1958، إلى الاضطرابات مع الفلسطينيين عامي

1969 و1973، ثم الحرب الأهلية اللبنانية عام 1975 التي دامت أكثر من خمسة عشر عاماً لتنتهي في اجتماع الطائف عام 1989. وخلال هذه المراحل جميعها من تاريخ الكيان اللبناني، ظلت أصابع الانتداب الفرنسي ممتدة إلى داخل لبنان وممسكة بفتيل الفتنة لإشعاله عندما تدعو الحاجة، كما أن بعض القوى المتطرفة من الميليشيات المسيحية تورطت في تعاملها مع إسرائيل، مما سهل على القوات الإسرائيلية اجتياح جنوب لبنان في العام 1978 واحتلاله عام 1982. وكان بنتيجة الرهان الخاطئ لهذه الميليشيات (باعتراف القادة المسيحيين أنفسهم) أن خسرت المارونية السياسية جزءاً كبيراً من امتيازاتها في تسوية اتفاق الطائف لمصلحة السنية السياسية الممثلة برئاسة مجلس الوزراء، وهي تعمل اليوم من ضمن تحالفات سياسية، لحفظ المشاركة في الحكم على أساس المناصفة بين المسلمين والمسيحيين فيما يعلن البعض عن نضال مسيحي (وتحديداً ماروني) مستمر بوجه الطوائف الأخرى لاستعادة الامتيازات التي انتزعتها منهم اتفاقية الطائف. حتى أنه يذهب البعض المتطرف إلى القول إن اتفاقية الطائف كانت مؤامرة مدبرة ضد المسيحيين دون تقديم أي دليل على ذلك، وهذا أمر مستبعد بالطبع لأن المسيحيين كانوا هناك ووقعوا على الاتفاقية.

لم يكن قيام وتثبيت الكيان اللبناني بالسهولة التي يظنها البعض، لا بل كان ولا يزال محل تجاذبات واعتراضات قاسية لأسباب دينية وأخرى عقائدية أو سياسية. وبالمقابل كانت فرنسا من أشد المتحمسين إلى قيام الكيان لسببين أساسيين:

الأول: الوصاية على لبنان لاعتباره كياناً مارونياً متصلاً بالإرادة الفرنسية إسوةً بالكيان اليهودي في فلسطين المتصل بالإرادة

البريطانية بنتيجة وعد بلفور. وقد كان المسيحيون يتوقون، كما مر معنا، بعد مئات السنين من حكم المماليك والعثمانيين إلى أن يكون لهم كيان مستقل. فوجدوا الفرصة الملائمة لتحقيق أمنيتهم عند سقوط الامبراطورية العثمانية بنتيجة الحرب العالمية الأولى، حيث تقاسم الشريكان البريطاني والفرنسي التركة العثمانية وأحكمت فرنسا السيطرة على القسم الشمالي من البلاد. في ذلك الوقت كانت متصرفية جبل لبنان مقاطعة عثمانية مستقلة. فقام الفرنسيون بضم عدد من المدن الساحلية بالإضافة إلى جبل عامل وسهل البقاع والسهول الشمالية لتتوسع المتصرفية وتصبح ما أطلق عليه الجنرال غورو "دولة لبنان الكبير". تم هذا عام 1920 بعد إعادة ترسيم الحدود والإعلان عن انتداب فرنسا للكيان الجديد الذي ثُبّت لاحقًا بقرارات عصبة الأمم الصادرة عام 1920 والتي أجازت نظام الانتداب على المناطق العثمانية المتفككة بحجة المساعدة في إنشاء مؤسسات للدول المستحدثة.

الثاني: التوازن في المنطقة والمقصود هنا التوازن الطائفي وكان مسلمو دولة لبنان الكبير قد رفضوا في أكثريتهم الكيان الوطني اللبناني عند نشوئه لثلاثة أسباب هي:

1 ـ واقع الكيان الجديد الذي جعل منهم أقلية بعد أن كانوا جزءاً من الأكثرية الحاكمة في العهد العثماني.

2 ـ رغبتهم في الانضمام إلى دولة عربية مسلمة كبرى بعد انسلاخهم عن الدولة العثمانية.

3 ـ رفضهم المبدئي للانتداب الفرنسي لكونه حكم دولة غربية أجنبية.

ولم يبلغ هذا النزاع نهايته إلا بعد تثبيت صيغة التوافق التي أوجدها الرئيسان بشارة الخوري ورياض الصلح عام 1943 وعرفت بالميثاق الوطني الذي قام على المعادلة التالية: من أجل بلوغ الاستقلال، على المسيحيين أن يتنازلوا عن مطلب حماية فرنسا لهم وأن يتنازل المسلمون عن طلب الانضمام إلى الداخل السوري. وهكذا وافقت فرنسا على إعلان استقلال لبنان وكان هذا بتاريخ 1943/11/22.

أردنا من خلال هذه النبذة السريعة، أن يلاحظ جميع اللبنانيين الهزالة والاستخفاف اللذين رافقا الإعلان عن دولة لبنان الكبير وأنه من الجدية بمكان أن يعاد النظر في تركيبة لبنان من أجل تصحيح ما أفسده واستغله الاستعمار الغربي. فإذا كانت العصبيات الطائفية هي التي حتمت ورافقت مثل هذه الحلول الاعتباطية فيما مضى، فليس ما يعوقنا اليوم لبناء دولة عصرية تقوم على القوانين والمؤسسات العامة خصوصاً أن التجربة الراهنة قد ثبت فشلها.

فهل يتحقق الظن وتبدأ ورشة البناء الحديث؟

سقوط الجمهورية في مئويتها الأولى..

2020/09/08

لا شك أن المبادرة التي قام بها الرئيس الفرنسي من أجل لبنان خلال الشهر الماضي (آب 2020)، تستوجب التوقف والتمعن لقراءة دوافعها ومضامينها.. ونرى في بادئ الأمر أن نطلق عليها تسمية "المبادرة الفرنسية" بدلاً من المبادرة "الماكرونية" إذ لم يأتِها ماكرون بإرادته المنفردة وإنما حتماً بقرار حكومي فرنسي جاء بعد طول مخاض.

وقبل الدخول بالتفصيل وتجنباً لترداد ما قيل ويقال في تحليلات من هنا وهناك حول هذه المبادرة، نستعرض شريط الأحداث الأبرز التي سبقت ورافقت تلك المبادرة:

على الصعيد المحلي:

- الحكومة اللبنانية تفشل أمام تحديات المرحلة إدارياً وسياسياً واقتصادياً وخاصة في عدم قدرتها على إجراء الإصلاحات التي اشترطها بنك النقد الدولي وقد كانت تعول على هذا الأخير لمعالجة الوضع المالي والاقتصادي.
- استقالة مجموعة من النواب على أثر انفجار المرفأ الذي ترك وراءه، بالإضافة إلى الضحايا والجرحى والأبنية المدمَّرة، جملة من الاستنكارات والتساؤلات خاصة فيما يتعلق بالمسؤولية الجنائية حول مثل هذا التفجير.

- وصول مساعد وزير الخارجية الأميركية لشؤون الشرق الأوسط دايفيد شنكر إلى بيروت بعد ساعات قليلة على مغادرة ماكرون ليؤكد الدعم الأميركي للمبادرة وإخلاء الساحة للتحرك الفرنسي، لا سيما أن شينكر لم يلتقِ أياً من الرؤساء الثلاثة، بل عقد سلسلة لقاءات مع قوى من المجتمع المدني. وقد أعلن صباح اليوم، الثلاثاء في الثامن من أيلول 2020، بأن المحادثات التي تجري بوساطة واشنطن تحرز تقدماً ملحوظاً وسيتم في الأسابيع المقبلة توقيع الاتفاق الذي سيعطي لبنان وإسرائيل فرصة المحادثات المباشرة لحل النزاع حول ترسيم الحدود البحرية.

على الصعيد الإقليمي والدولي:

- تصريح لوزير الخارجية الأميركية مايك بومبيو يقول فيه: التعاطي الفرنسي مع لبنان يجري على أعلى مستوى والولايات المتحدة على تواصل مستمر مع فرنسا وتشارك الرئيس ماكرون الأهداف ذاتها.

- تصريح للرئيس الأميركي دونالد ترامب مفاده: إننا نعمل على دعم لبنان ليستعيد دوره في المنطقة كما أننا سنكون إلى جانب فرنسا في تقديم المساعدات اللازمة.

- الإعلان عن قيام اتفاق التطبيع الإماراتي الإسرائيلي بتاريخ 13 آب 2020. وقد أعلن عنه الرئيس ترامب على أنه العراب لهذا الإنجاز "العظيم". ففي هذه الأجواء التي تحمل مشاريع متغيراتٍ جذرية إلى منطقة الشرق الأوسط، جاءت المبادرة الفرنسية لتطرح علامات استفهام كبيرة.

أولاً: لماذا تقوم فرنسا بمثل هذه المبادرة منفردة في الوقت الذي يزدحم البحر المتوسط بالسفن الحربية المتعددة الجنسيات.. هل

تجاوزت فرنسا سائر الجنسيات لتتصدر الدور أم جاءت تلك لدعم الدور الفرنسي؟

ثانياً: من الواضح أنه أوكل للرئيس الفرنسي أمر المهمة، بتوقيع على بياض، ليكون في الواجهة بالاستناد إلى قراءة تاريخية معمقة للعلاقات الفرنسية اللبنانية وخاصة أن الزيارة تصادف في الأول من أيلول 2020 تاريخ المئوية الأولى لقيام دولة لبنان الكبير حيث يعود الفضل فيه للدولة الفرنسية. وهذا هو أقرب الظن وإلا كيف نفسر تصدر فرنسا لمعالجة الوضع اللبناني ومن ورائها الولايات المتحدة وربما دول أخرى ليست في العلن.

ثالثاً: اعتمد ماكرون أساليب مختلفة في طرح مبادرته لإقناع اللبنانيين:

ـ الأسلوب المنطقي، عندما أكد للبطريك الراعي أن الحياد غير ممكن في بلد منقسم عامودياً ذلك أن الحياد يلزمه توافق داخلي وهو أمر غير متوفر في الوقت الراهن.

ـ الأسلوب القانوني، عندما أجاب المجتمع المدني والقوى المنتفضة قائلاً: لا يمكن التعويل على انتخابات مبكرة ذلك أن الدعوة إلى الانتخابات تأتي من مجلس النواب. فهل تنتظرون من مجلس يحل نفسه ليجري انتخابات جديدة؟

ـ الأسلوب السياسي، عندما طلب من أعضاء كتلة "حزب الله" العمل من أجل لبنان لما فيه خير "أولادكم وأحفادكم" بالإضافة إلى تأكيده على ديمقراطية تمثيلهم النيابي.

ـ الأسلوب العاطفي، عندما عيَّن في برنامج الزيارة أن يكون اللقاء بالسيدة فيروز أولاً ولقاؤه بالسيدة ماجدة الرومي آخراً. وقد عمد من خلال هذين اللقاءين إلى كسب عاطفة اللبنانيين وفيه ما يدعم موقفه

ومبادرته. وبالمناسبة يهمني أن أورد الملاحظة التالية: لا شك أن السيدة فيروز صاحبة القامة الكبيرة والغنية عن كل تعريف وتكريم، لم يشرّفها الوسام الفرنسي بالقدر الذي شرَّف الوسامَ نفسَه قبولُها له.

ثالثاً: إن منطق التهديد والوعيد الذي جاء فيه ماكرون يؤكد جدية الموقف والدعم الدولي للتحرك الفرنسي خاصة عندما أعطى السلطة اللبنانية مهلة ثلاثة أشهر لتنفيذ الإصلاحات ومن ثم الحصول على أموال "سيدر" وإلا سينزل برموز هذه السلطة أشد العقوبات. وهنا يكمن السر الكبير.! فماذا عساها تكون تلك العقوبات...؟

بتقديري الشخصي، لا أرى حلولاً جذرية للمعضلة اللبنانية في المدى القريب المنظور. حتى لو جمعت السلطة قواها وباشرت الإصلاحات، فإنه يلزمها وقت أطول بكثير. إذاً ماذا يخبأ للبنان عند انقضاء المهلة؟

ستتفرغ الولايات المتحدة إلى معالجة قضايا الشرق الأوسط بعد الانتخابات الرئاسية إلى جانب حليفتها فرنسا ومن ورائها الاتحاد الأوروبي. وفي ذلك الوقت سيأتي ماكرون إلى لبنان في زيارته الثالثة ليقول إلى أهل السلطة: لقد فشلتم ولم تتمكنوا من إجراء الإصلاحات المطلوبة وإليكم الحل للمعضلة: كفوا اليد وسنقدم لكم المال لتعويم الخزينة اللبنانية شرط أن نشرف على صرف الأموال بأنفسنا والتأكد بأنها تسير في الوجهة الصحيحة. وفي المقابل تتنازل الحكومة اللبنانية عن حق التصرف بمربعات النفط البحرية لهيئة الوصاية الجديدة المؤلفة من الولايات المتحدة وفرنسا (وربما دول أخرى)، مع الوعد بأن تتعهد هذه الأخيرة بفض النزاع اللبناني الإسرائيلي حول الآبار النفطية وترسيم الحدود البحرية وربما، في مرحلة متقدمة إجراء تقارب لبناني إسرائيلي على غرار ما حصل

مع الإمارات المتحدة. وسيتضمن العقد حق التصرف بحقول النفط للوصاية الجديدة بشروط يعينها الفريقان.

أرجو المعذرة إن كان يرى البعض تشاؤماً في نظرتي إلى مستقبل لبنان وأرجو أن أكون على خطأ في تقديري الشخصي بالوصف الذي بينته أعلاه. غير أن الأحداث المتلاحقة التي نعيشها في هذه البقعة من العالم والمفاجآت التي تطالعنا بين الوقت والآخر، لا تبشر بالخير، بل تضعنا أمام افتراضات وعلامات استفهام مختلفة أقلها قيام الوصاية (من أجل لبنان)، وهذه هي حالة الغيبوبة في الجسم المريض.. هل سيكون تصورنا الذي أشرنا إليه أعلاه حلاً ليتعافى ويسلم لبنان من الإفلاس والانهيار أم ضربة استعمارية جديدة للقضاء عليه؟

الخوف كل الخوف أن تكون المفاجأة الصادمة سقوط الجمهورية في انقضاء مئويتها الأولى...؟

رداً على البرنامج الإنقاذي المقترح من قبل السفير د. هشام حمدان لإنهاء الأزمة اللبنانية

سعادة السفير الدكتور هشام حمدان المحترم

202/02/17

تحية طيبة وبعد،

لما كنتم ترغبون أن أبدي رأيي بالبرنامج الإنقاذي للبنان، الموضوع من قبلكم، جئت برسالتي هذه للإشارة إلى بعض الملاحظات المتواضعة علها تلقى لديكم بعض الانتباه لدقتها في هذه المرحلة بالذات.

أولاً: بالنسبة للمقدمة لا خلاف على ما جاء فيها من شرح للوضع المتردي الذي آل إليه لبنان جراء عوامل عدة. إلا أنكم لم تذكروا من قريب أو بعيد مسؤولية المواطن اللبناني فيما حل بالوطن باستخفافه وتركه الحبل على الغارب على مر السنين والعهود، ذلك أن المسؤولية هذه هي العبء الأكبر في عملية الإنقاذ ويجب بالتالي أن نبدأ من هنا: إعادة تأهيل المواطن اللبناني في مختلف المجالات وجعله يشعر بالدور الملقى على عاتقه ليستعيد ثقته بنفسه وبالتالي

يحسن اختيار ممثليه في الندوة البرلمانية التي هي القاعدة الأساسية الأولى في بناء السلطة.

ثانياً: تطلبون إعلان لبنان وطناً نهائياً لجميع أبنائه وبسط سلطة الدولة على جميع أراضيه ثم إعلان الحياد عن الصراعات الإقليمية والدولية وتفعيل اتفاقية الهدنة لعام 1949 والتشديد على أن يلعب لبنان دوره في إطار الشرعية الدولية وميثاق جامعة الدول العربية. الملاحظ هنا مع احترامي للمطالب الواردة في هذا البند، أنها من صلب وظيفة الدولة الحرة السيدة المستقلة. ومع الأسف فإن لبنان ليس بهذه المواصفات. فالإعلان عن "الوطن النهائي لجميع أبنائه" قائم على الورق وفي الخطابات وليس بالواقع ذلك أن لبنان هو مختلف باختلاف من يعتلي المنبر. ثم إعلان الحياد عن الصراعات الإقليمية والدولية لا يصح في بلد تحكمه ميليشيات تدين بألف دين ودين وتمولها السفارات الإقليمية والدولية. أضف إلى ذلك أنه من غير الممكن أن يتم تحييد لبنان عن محيطه القومي لأنه يفتقد لكل مقومات الاكتفاء الذاتي. ومن المتفق عليه دولياً أنه لا يمكن لأي بلد أن يعلن الحياد إلا إذا كان بتوافقٍ داخلي بين مكوناته. وهيهات أن نتوصل إلى مثل هذا التوافق.

أما بالنسبة لتفعيل اتفاقية الهدنة مع إسرائيل، يبدو أنها قائمة فعلاً ومفعّلة دون الإشارة إليها. لا بل يُعمل بوساطة أميركية لتثبيتها وإعلانها من خلال ترسيم الحدود البحرية بين لبنان وإسرائيل إذ تستمر اللقاءات بين البلدين مباشرة في الخفاء وفي العلن. ويُنتظر أن يتم الإعلان عن الاتفاق النهائي عندما تزول بعض الإشكالات وتسمح الظروف بذلك.

ثالثاً: ما أثارني في البند الثاني من برنامجكم الإنقاذي هو الدعوة إلى التمسك بالوحدة الوطنية في إطار التعددية الطائفية والمذهبية، وهنا يكمن أصل البلاء. الوحدة الوطنية لا ولن تكون في إطار التعددية الطائفية والمذهبية لأنها، على غرار سابقاتها، ستنتج التشنجات والعصبيات التي تؤدي إلى النزاعات بين المواطنين إن لم تجر إلى الاقتتال فيما بينهم، والتاريخ شاهد على ذلك. الوحدة الوطنية لا تكون إلا بطرح ثقافة المواطنة المدنية بحيث يكون الولاء للوطن وليس للطائفة ونبذ العصبيات الطائفية والمذهبية التي تعيد إلى الأذهان تجارب الحروب الأهلية. يجب التأكيد على أن الدولة المدنية القوية هي وحدها القادرة على حماية جميع الطوائف والمذاهب.

رابعاً: إن دعوتكم إلى المؤتمنين على العيش المشترك في لبنان، من مرجعيات سياسية ودينية ومدنية (هذا إذا كان لهم أن يجتمعوا)، للذهاب إلى أعلى منبر دولي والصراخ هناك كما فعل غسان تويني عندما قال: "دعوا شعبي يعيش"، لن يجدي نفعاً لأنه سيكون صرخة في وادي لا وقع فيها ولا آثار إيجابية. ولنسأل ونتذكر ماذا نتج عن صرخة غسان تويني غير تردادها في الصحف والمنتديات الأدبية. هذا من جهة، ومن جهة أخرى فإن واقع العالم اليوم يختلف عمّا كان عليه قبل ثلاثين أو أربعين سنة. فكل بلد لديه من الأزمات الاجتماعية والاقتصادية والمالية ما يكفيه. فلن يكون لبنان في لائحة أولوياته قطعاً. وإذا كان لنا أن ندهش العالم فعلاً، فلا يكون ذلك إلا برص صفوفنا لنقيم وحدةً وطنيةً حقيقيةً قائمةً على العدل والمساواة

بين مواطنينا ولنترك قضايا الدين لرجال الدين الذين نجل ونقدر دورهم الخدماتي والإرشادي.

خامساً: إن طلبكم اعتماد لبنان مركزاً دائماً للأمم المتّحدة لحوار الحضارات والثقافات والأديان، وجسرا حضاريا لتعزيز العلاقات الثقافية بين الشعوب، لهو مطلب غريب بعض الشيء. لماذا تعتمد الأمم المتحدة بلداً كلبنان ليكون مركزاً دائماً لحوار الحضارات؟ هل لأنه نموذج حضاري فريد يجب الاقتداء به وهو الذي يقوم على حكم العصابات والمافيات من كل الأنواع؟ ثم ماذا يعني حوار الأديان، فإننا لا نرى سبباً واحداً لإقامة مثل هذا الحوار. فلكل دينه وكتابه ومرجعيته ولا يحتاج إلى حوار مع أحد ذلك أن الحوار يؤدي مبدئياً إلى الإقناع أو الاقتناع. وهذا ليس متوفراً عندما تكون الأديان موضوع الحوار. فالدين يقوم على الإيمان في أغلب الأحيان وليس على العقل أو المنطق.

سادساً: قد يكون تأثرنا ببعض الأفكار ناجماً عن مسميات اعتبرت في وقت من الأوقات "مسلمات وطنية" وهي في الواقع ضخٌ في رؤوسنا لاستخدامها وكأنها حقيقة يطيب لنا تردادها والاستمتاع بصداها. ومنها قول البابا يوحنا بولس الثاني "إن لبنان أكثر من وطن فهو رسالة". ونحن نسأل: ما نوع الرسالة؟ أهي رسالة حضارية أم رسالة سماوية؟ رسالة ثقافية أم رسالة عقائدية؟ لم يوضح البابا نوع الرسالة وعلينا أن نفهمها ونفسرها بالشكل الذي يعجبنا.. الواقع إذا أمعنا النظر في حقيقة التسمية فهي على غير مسمى. كنا نريد لبنان كذلك بكل تأكيد، غير أنه مع الأسف لقد كان

في مراحل كثيرة من التاريخ، رسالة حقد وكراهية نفحت بها العصبيات الطائفية والمذهبية ولا تزال. فأية رسالة نبشر بها اليوم ليصلحَ قول البابا...؟

الخاتمة: تضعون اليوم برنامجكم هذا بين أيدي المنتفضين في لبنان تمهيداً للعمل بموجبه في وقت لاحق. لا شك أنكم صرفتم الوقت الطويل والجهد الكثير حتى جئتم على مختلف نواحي الحياة لتضمينها البرنامج. وقد ذكرتم في سياقه على ذكر انتفاضة 17 تشرين على أنها الآلية الصالحة لتنفيذ بنود هذا البرنامج. سأختم هنا بملاحظة صغيرة: لا تقوى الانتفاضة السلمية على إجراء التغيير في أي من المجالات لكنها قد تقوم بعرض المطالب وتهيئة الرأي العام للقبول بها. أما الآلية الحقيقية لقلب الطاولة وإجراء التغيير، هي الثورة المدوّية إذا كان للانتفاضة الحالية أن تتحول إلى ثورة.. بقي أن أتمنى لبرنامجكم الإنقاذي أن يرى النور..

تفضلوا بقبول وافر التقدير والاحترام.

الذكرى الخامسة والأربعون لتغييب الإمام موسى الصدر

فيما يلي كلمة */خالد حميدان/ ممثلاً الجمعية الدرزية الكندية، في احتفال الذكرى السنوية الخامسة والأربعين لتغييب الإمام السيد موسى الصدر ورفيقيه، بدعوةٍ من جمعية الرسالة اللبنانية الكندية. أ

أقيم الاحتفال في قاعة مركز الهدى الإسلامي في تورنتو مساء السبت في الثاني من أيلول 2023.

2023/09/02

بعضُ لحظاتٍ طارئةٍ نعيشُها في حيْرةٍ وذهول، كنسمةٍ عابرةٍ ضلتْ طريقَها..
نقولُها للحبِّ الذي ضاعَ بين السطورِ أو للرسائلِ التي سقطتْ عنها.. كلماتُها..
للوقتِ الذي توقَّفَ وغابتْ عنه المسافات..
للألمِ الذي يقيمُ الفِراقَ سداً.. ويعترضُ الحياة..
للواقعةِ الحيةِ التي تستحيلُ سؤالاً شارداً.. بلا جواب!

في مثلِ هذه اللحظاتِ الغادرةِ، غادرَنا الإمامُ السيدُ موسى الصدر من غيرِ وداعٍ وقد ضاقَتْ في صدرِهِ الآهاتُ وملَّهُ الانتظارُ، فمضى مسرعاً إلى حيث لا يدري، ليتركَ لنا وراءَه ذكرياتٍ وتساؤلات..

جاء كالحلمِ العابرِ في سماء لبنان.. ليحمِلَ همَّ المواطنِ على مِنكبيه..

طالبَ برفعِ الظلمِ والغبنِ اللاحقيْنِ بالبسطاءِ والفقراء..

خاطبَ الانسانَ الحرَّ في داخلِ كل إنسان، للانعتاقِ من الخوفِ والتبعية..

نزعَ الأحقادَ من صدورِ المؤمنين ليزرعَ فيها براعمَ إلفةٍ ووئام..

علمنا كيفَ نخرجُ من ذاتِنا القاصرةِ إلى ذاتٍ متحررةٍ ثائرة..

دلنا على مكامنِ الحبِّ والجمال، بتأكيدٍ أنَّ في نفوسِنا كلَّ حقٍ وخيرٍ وجمال..

كان هذا في سبعينيات القرن الماضي. وكأن التاريخَ توقَّفَ هناك لأننا ما زلنا حتى اليومَ، نحتاجُ إلى تعاليمِه الساميةِ ونهجِه القويم.. لإنقاذِ ما تبقَّى من الوطن...!

لماذا يغادرُ من ملأ القلوبَ فرحاً وزرعَ في النفوسِ أملاً بالانتصار؟

كيف يُغيَّبُ من جاوزتْ روحُه الأنجمَ في بهائِها وسيلَ المكارمِ في سخائِها؟

كيف يقابلُ بالغدرِ من فتحَ قلبَه للتسامحِ، ووجَّهَ سيرَه بما يُرضي السماء؟

هل كان كثيراً علينا أن نحلَمَ؟ أم أننا لا نستحقُّ العبورَ إلى رحْبِ الفضاء؟

لم يكنْ الإمامُ الصدرُ إنساناً عادياً عابراً. فقد جذبَ الأنظارَ والإعجابَ من كل صوب. إلا أنَّه، لم يَرُقْ للبعضِ أن يلمعَ نجمُ هذا

القائدِ الفذِّ، فأخذوا عليه أنه يثيرُ الناسَ ويحرّضُهم على الثورةِ المسلحةِ موثقين انتقادَهم بالصورِ التي كانتْ تُنشرُ في الصحافة آنذاك، وتُبيّنُ رفاقَه من حولِه مدجَّجين بالسلاح..
وكان ردُّ الإمام السيد على المنتقدين بكل هدوءٍ ووقارٍ حيث قال: هؤلاء الرجال.. لم يُعلنوا ثورةً بوجه أحد، ولا هم بالحاقدين على أحد.. إن حملوا السلاحَ، فللإشارةِ إلى معاناتِهم من الغبنِ اللاحقِ بهم، ولا بديل عنه لإيصالِ صوتِهم إلى المعنيين الذين صُمَّتْ آذانُهم عن مطالبِ المستضعفين والمحرومين، من كلِّ مذهبٍ أو دين..
بالاختصار، أيها السيدات والسادة، كانت حركةُ الإمامِ القائدِ "ثورةً لاعنفيةً" وغايتها "كرامة الإنسان"!

فالإمامُ الصدرُ الذي غُيّبَ بالجسدِ، هو حاضرٌ أبداً في ضميرِ العقلاءِ الشرفاءِ وفي مواصلةِ الأوفياءِ لتعاليمِه الحيَّةِ على طريقِ المحبة..
طيَّبَ الله ذِكرَه وأعادَه سالماً..
ربَّ سائلٍ يقول: أين هي الطريقُ إلى المحبة؟ وكأني بالإمامِ ينتفض ويجيبُ على الفور:
لا تذهبْ بعيداً في السؤالِ يا صديق.. فالمحبةُ ذاتُها، هي الطريق..

***خالد حميدان / رئيس مركز التراث العربي**
khaled.homaidan@gmail.com

الفهرس - 1

الإهداء	5
تمهيد وتوضيح	7
الأبله الحكيم وميخائيل نعيمة	11
حكاية الأبله	37
البديل لبلوغ الانتصار	47
ندوة مجلس الفكر	59
الوصايا العشر	65
إلى صاحب الغبطة	71
تقرير التنمية الانسانية	77
لفهم ما نقرأ	83
سايكس بيكو، المؤامرة المستمرة	97
كمال جنبلاط	113

الفهرس - 2

رد على د. كلوفيس مقصود	129
مركز التراث العربي	141
فلسطين والتحديات المصيرية	147
إلى المطران غريغوار حداد	153
سعيد تقي الدين	157
التوحيد ملاذ المؤمنين	177
في تأبين د. يوسف مروّه	185
الأضحى: رد على د. خريستو المر	189
أخي المواطن	193
سقوط الجمهورية في مئويتها الأولى	205
رد على د. هشام حمدان	211
في ذكرى تغييب الإمام الصدر	217

المؤلف: محطات إعلامية واجتماعية

النشاطات الإعلامية:

- مؤسس ورئيس المركز الاستشاري للإعلام
- ناشر ورئيس تحرير مجلة "أضواء"
- ناشر ورئيس تحرير جريدة "الجالية" (2005 – 2015)

النشاطات الاجتماعية:

- عضو مركز الجالية العربية الكندية في تورنتو
- عضو مؤسس لجامعة اللبنانيين الكنديين
- عضو الاتحاد العالمي للمؤلفين باللغة العربية – فرع كندا
- رئيس سابق لمجلس الصحافة الاثنية في كندا
- رئيس سابق لرابطة الإعلاميين العرب في كندا
- مؤسس ورئيس مركز التراث العربي في كندا
- مؤسس ورئيس المهرجان الكندي المتعدد الثقافات
- مؤسس ورئيس رابطة المؤلفين العرب في كندا

الجوائز التقديرية:

من قبل الجهات الرسمية والأهلية التالية:

- رئاسة الحكومة الكندية الفدرالية
- رئاسة حكومة أونتاريو
- بلدية تورنتو الكبرى
- مركز الجالية العربية في تورنتو
- مجلس الصحافة الإثنية في كندا
- الجمعية الدرزية الكندية في أونتاريو
- رابطة المسلمين التقدميين في كندا
- رابطة الأطباء العرب في شمال أميركا
- الإتحاد العالمي للمؤلفين باللغة العربية - فرع كندا
- جمعية "عالم إنسان بلا حدود" – بيروت، لبنان

صدر للمؤلف

- كتاب "الأبله الحكيم"
  الطبعة الأولى (1974) الطبعة الثانية (2009) الطبعة الثالثة (2011)

- كتاب "أصداء وأضواء" (1978)

- كتاب "كلمات بلا حواجز"
  الطبعة الأولى (2009) الطبعة الثانية (2011)

- كتاب "أوراق حائرة"
  الطبعة الأولى (2009) الطبعة الثانية (2012)

- كتاب "بيت التوحيد"
  الطبعة الأولى (2009) الطبعة الثانية (2022)

- كتاب "الوصايا العشر"
  الطبعة الأولى (2011) الطبعة الثانية (2013)

- كتاب "سقوط الجمهورية" (2013)

- كتاب "أقلام صادقة" – الجزء الأول (2014)

- كتاب "أقلام صادقة" – الجزء الثاني (2014)

- كتاب "يوسف مروّه"
  "الفكر الحاضر المغيّب" (2019)

- كتاب "سعيد تقي الدين"
  "كل مواطن خفير" (2020)

- كتاب "إضاءات" (2021)

- كتاب "وجهة سير" (2022)

- كتاب "مواقف ومداخلات" (2024)